O OPERADOR

Lucas Figueiredo

O OPERADOR

Como (e a mando de quem) Marcos Valério irrigou os cofres do PSDB e do PT

EDITORA RECORD
RIO DE JANEIRO • SÃO PAULO

2006

CIP-Brasil. Catalogação-na-fonte
Sindicato Nacional dos Editores de Livros, RJ.

Figueiredo, Lucas, 1968-

F49o   O operador: como (e a mando de quem) Marcos Valério irrigou os cofres do PSDB e do PT / Lucas Figueiredo. – Rio de Janeiro: Record, 2006.

ISBN 85-01-07277-X

1. Valério, Marcos, 1961- . 2. Partido dos Trabalhadores (Brasil). 3. Partido da Social Democracia Brasileira. 4. Brasil – Política e governo – 2003- . 5. Corrupção na política – Brasil. 6. Corrupção administrativa – Brasil. 7. Repórteres e reportagens. I. Título.

06-3058   CDD – 320.981
                                CDU – 32(81)

Copyright © Lucas Figueiredo, 2006

Capa: eg.design/Evelyn Grumach
Encarte: eg.design/Bruno Berger

Foto da capa: Roberto Stuckert Filho / Agência O Globo

Direitos exclusivos desta edição reservados pela
EDITORA RECORD LTDA.
Rua Argentina 171 – Rio de Janeiro, RJ – 20921-380 – Tel.: 2585-2000

Impresso no Brasil

ISBN 85-01-07277-X

PEDIDOS PELO REEMBOLSO POSTAL
Caixa Postal 23.052
Rio de Janeiro, RJ – 20922-970

Para Tainah e Yago

Mas para onde mesmo eu pretendia ir?

(Do personagem Raskolnikov,
em *Crime e castigo*, de Dostoievski)

SUMÁRIO

1 Coincidências (ou o dia em que o mundo veio abaixo e ninguém estava de pé) 11

2 Ó Minas Gerais... 31

3 A água, o cano e o esgoto 77

4 Unhas encravadas 89

5 A farra 101

6 Luiz Inácio falou, Luiz Inácio avisou 123

7 O curinga que virou mico 177

8 CPI é show 189

Epílogo Mais uma vez, os grãos 221

Fontes 241

Índice onomástico 245

CAPÍTULO 1

Coincidências (ou o dia em que o mundo veio abaixo e ninguém estava de pé)

Joel não era exatamente um primor de elegância, mas as coisas se tornaram de fato graves quando, em função de um compromisso profissional, ele precisou tirar do armário seu terno verde-claro. Não era difícil perceber que fazia algum tempo que Joel o comprara — e também que engordara um pouco desde então. O desastre só não era absoluto porque, aos 50 anos de idade, ele sabia se comportar como um homem digno. Ajudava, nesse caso, a barba hirsuta, os óculos de armação pesada e, sobretudo, seu 1,80 de altura, ou mais.

Com o terno até que Joel não se importava, mas preferiria não se chamar Joel e abominava especialmente o sobrenome Santos Filho. "Não dá muita respeitabilidade", confessaria num futuro não muito distante. E naquele dia, em Brasília, Joel precisava exalar respeito, pelo menos o suficiente para parecer um tipo bem colocado no mundo dos negócios, tudo justamente o que ele não era. Encostado a um poste no Setor Bancário Norte, Joel fazia força para apagar seu passado e encarnar seu novo personagem.

Advogado de carreira curta e desimportante, ex-dono de uma boquinha no serviço público federal, nos últimos tempos ele passara a se apresentar como consultor de *marketing* no eixo Curitiba—Brasília. Os negócios não iam bem. Quando vestiu seu terno verde claro e fez pose de *businessman*, no dia 14 de abril de 2005, Joel acabara de se separar da mulher, estava desempregado e sobrevivia de bicos.

Para ganhar os 10 mil reais que lhe tinham prometido por aquele serviço, Joel precisava se reinventar. Não era tarefa fácil. Entretanto, com o dinheiro a despertar-lhe a criatividade, ele começou por inventar um nome novo — e "respeitável" — para si: Júlio Goldman, ou melhor, J. Goldman. Era um início, ele imaginou, mas ainda faltava algo: um bom emprego. Joel resolveu essa parte do problema se autonomeando diretor da Allcom, representante exclusiva no Brasil da G.E., a Global Enterprise, gigante alemã do ramo da informática. O fato de ambas as empresas não existirem foi contornado com um cartão de visitas feito às pressas num shopping de Brasília.

Rebatizado e reciclado, só faltava a Joel — ou J. Goldman — uma pasta de executivo tipo 007 para assumir de vez o papel de homem de negócios da capital federal. Arrimado àquele poste, ele esperava justamente pela chegada da maleta.

Pouco antes das 6:00 da tarde, quando o sol começava a se pôr atrás da Torre de TV, no Eixo Monumental, uma caminhonete branca dobrou o que seria uma esquina, não fosse Brasília aquela cidade, e parou em frente a Joel. Ele entrou no carro e não se demorou. Quando saiu da caminhonete, a andar a passos largos em direção ao edifício-sede dos Correios, Joel levava nas mãos uma pasta preta de náilon da marca Santino, não muito sofisticada, com fecho de zíper. Não era uma pasta 007, como mandava o figurino, mas em todo o caso serviria ao propósito da missão. Dentro dela, já ligada, havia uma câmera de vídeo escondida, que começava a filmar, aos trancos e balanços, como se estivesse bêbada, o primeiro capítulo de uma tragédia nacional.

* * *

Jairo, o homem da caminhonete branca, torcia para que daquela vez Joel fizesse o serviço bem-feito. Na primeira tentativa de fazer a gravação, apesar das instruções repetidas n vezes por Jairo (ligar a câmera, esperar uma luz acender e então apertar duas vezes um certo botão), Joel deixara um fio desligado, e o equipamento não funcionou. Na segunda vez, o problema não foi com a câmera, mas sim com o conteúdo da fita, considerado fraco pelo empresário que havia contratado a dupla para aquele servicinho sujo. Quando foi ao encontro de Joel, pela terceira vez, Jairo queria terminar logo aquele trabalho, pegar sua câmera oculta de volta, receber seu dinheiro e se mandar. Afinal, ele cumprira integralmente com o que havia sido combinado, um mês e meio antes, num almoço com Artur Wascheck Neto no BsB Grill, na 304 Norte.

Com fotos de carne semicrua nas paredes como testemunha, Jairo acertara com o empresário, ao preço de 1.500 reais ao dia, um pacote que incluía o aluguel do equipamento e o treinamento de Joel. Nas idas e vindas da missão, acabara prestando outros serviços, fazendo com que a conta fechasse em 8.000 reais. Dinheiro fácil.

Jairo cobrava caro, mas sabia valorizar seu trabalho. Impressionou Wascheck de tal maneira no almoço do BsB Grill que, dias depois, o empresário o levou para a sua cobertura, no Setor Sudoeste, e o apresentou a Joel como um "amigo de confiança" que tinha equipamentos incríveis para fazer gravações escondidas e grampos telefônicos. Jairo não perdeu a deixa. Sacou do bolso seu telefone celular e o mostrou a Joel, dizendo tratar-se de um aparelho especial, com dispositivo digital, que tinha capacidade de cinco horas de gravação. "Sou bastante experiente nesse tipo de assunto", vangloriou-se.

Era a mais pura verdade. Filho de um oficial que atuara 33 anos no temido serviço secreto do Exército, o CIE, Jairo Martins de Souza entrara para o ramo da arapongagem ainda jovem, no serviço reservado da Polícia Militar do Distrito Federal, a P2. Aos 24 anos de idade, com um empurrãozinho do pai, teve seu talento percebido pelo serviço secreto federal, que na época atendia pela sigla SSI (Subsecretaria de Inteligência). Corria então o governo Itamar Franco, e o serviço secreto tratava de se reorganizar depois do tsunami chamado Fernando Collor de Mello. Requisitado pela SSI, o então cabo Jairo seguiu os caminhos do pai e virou agente. Nas salas de aula do Centro de Formação de Recursos Humanos, a escola do serviço secreto em Brasília, Jairo foi iniciado na arte da dissimulação, teve aulas de disfarce e, é claro, aprendeu todas as manhas da espionagem eletrônica.

Depois de dar seu sangue pelo serviço secreto durante nove anos, Jairo decidiu partir para a carreira solo. Fez um curso superior de jornalismo, trabalhou como assessor de um deputado que deu o azar de ser assassinado, teve nova e rápida passagem pela P2 e, por fim, voltou a trabalhar com o que de melhor sabia fazer: a espionagem eletrônica. Quando foi contratado por Wascheck, em março de 2005, Jairo era um profissional com nome na praça e firma registrada na junta comercial — a AMS, que oficialmente atuava no ramo de alarmes. Com sua câmera oculta, tinha armado pelo menos duas arapucas para políticos corruptos. Jairo estava fora do serviço secreto havia quatro anos, mas conservara boas amizades por lá, inclusive em postos de comando.

Na reunião na casa de Wascheck, Jairo se atreveu a dar alguns conselhos a Joel. Disse que, em primeiro lugar, ele deveria agir com natu-

COINCIDÊNCIAS (OU O DIA EM QUE O MUNDO VEIO ABAIXO E NINGUÉM ESTAVA DE PÉ)

ralidade e confiança quando estivesse com o alvo da missão, no prédio dos Correios. Também sugeriu a Joel que abordasse os assuntos de interesse da operação somente quando os temas surgissem de forma espontânea durante a conversa.

Se o camaleônico Joel seguisse à risca as instruções de Jairo, Wascheck estaria feito.

* * *

Artur Wascheck Neto era um sujeito curioso. Amava história e literatura, matérias que lecionara durante seis anos em escolas de sua cidade natal, Goiânia. Mas foi em Brasília, para onde se mudara a convite de um amigo, que acabou por descobrir sua verdadeira vocação: atuar no fascinante mundo das licitações públicas. Sócio em quatro empresas (Comam, Vetor, Agenda Brasília e Agenda Turismo), Wascheck não fabricava nada, mas vendia quase tudo. Para as Forças Armadas, fornecia botas, tênis, sandálias, calções, sungas, malhas para ginástica e o que mais aparecesse pela frente. Com os Correios, negociava cofres, jaquetas e capas de chuva, entre outros itens.

No ramo de Wascheck, para vender, primeiro era preciso disputar e ganhar. E era aí que o empresário — 45 anos, calvície acentuada e físico de atleta — se mostrava um ás nos negócios. Disputava sempre, ganhava muito e, às vezes, quando percebia que não ganharia, dava um jeito de tirar a azeitona da empada do concorrente. Foi assim, em 1992, quando denunciou uma suposta armação numa concorrência do Ministério da Educação. Em outro episódio, Wascheck tentara melar uma licitação para compra de uniformes escolares em São Paulo, e contratou Joel, por 5.000 reais, para que ele conseguisse provas das supostas irregularidades e denunciasse os envolvidos.

O OPERADOR

Nas concorrências que disputava, o empresário atirava para matar, mas houve pelo menos um episódio em que ele foi o alvo. Em 2003, um concorrente o acusou de estar fornecendo cofres fora da especificação para os Correios. Wascheck, que faturaria 5 milhões de reais com o contrato, negou qualquer irregularidade, mas acabou levando uma multa salgada: 1 milhão de reais.

Não era fácil sobreviver no universo predatório das licitações públicas, mas Wascheck contava com alguns curingas. O empresário vivia cercado de ex-agentes do serviço secreto e arapongas particulares. A turma freqüentava seu escritório, na Asa Norte, dormia em sua casa e, nos fins de semana, comia da picanha e da lingüiça assadas por ele. Também desfrutava a generosa companhia de Wascheck num dos restaurantes mais caros de Brasília, o Piantella, preferido de nove entre dez políticos da capital federal. Nesses encontros, uma presença cativa era a de um certo *comandante* Molina, que não era araponga, nem agente e muito menos comandante.

O carioca cinqüentão Arlindo Gerardo Molina Gonçalves também fazia parte da operação montada por Wascheck nos Correios. O empresário o conhecia havia quatro anos e confiava nele. Sabia que Molina cumpriria sua parte no plano de forma excepcional. O *comandante* — apelido conquistado no Colégio Naval do Rio, onde lecionara — pode ser classificado como um franco-atirador. Certa vez, tentara intermediar a venda de títulos do Império para uma empresa do Uruguai. O negócio não prosperou, mas Molina não ficou no prejuízo. Quando os uruguaios desapareceram do mapa, de forma misteriosa, abandonando uma casa no bairro do Joá, no Rio, o *comandante* tratou de ocupar o imóvel, onde passou a viver sem pagar aluguel ou impostos residenciais. Nos últimos tempos, Molina dizia ter a dupla função de consultor *free-lancer* da Fundação Getúlio Vargas e produtor de

COINCIDÊNCIAS (OU O DIA EM QUE O MUNDO VEIO ABAIXO E NINGUÉM ESTAVA DE PÉ)

nabo, aipo e rabanete nos cafundós de Minas. Nenhuma das duas atividades lhe rendera um único tostão em meses, o que o obrigara a dependurar-se no cheque especial e na generosidade dos amigos.

Simpático, articulado e com uma verve irresistível, o *comandante* conhecia meio mundo. Desfilava seus conhecimentos sobre vinhos, falava de samba, anunciava se a tendência do dólar era de queda ou de alta, e assim vivia a conquistar amigos, contatos e credores. Apesar de ser dono de uma caminhonete Toyota Hilux e de um relógio Rolex, Molina estava sempre precisando de dinheiro. De um parceiro de negócios, tomara emprestado 150 mil reais. De Wascheck, conseguira arrancar outros 20 mil reais, justamente quando o empresário pedira sua ajuda na operação arrasa-quarteirão nos Correios.

Quando acionou seu amigo Molina no Rio, contatou Jairo no BsB Grill e pediu a Joel que se abalasse de Curitiba para Brasília, Wascheck tinha toda a operação desenhada, em cinco etapas:

1) Joel era a isca viva encarregada de se aproximar do alvo: o chefe do Departamento de Compras e Contratações dos Correios, Maurício Marinho;
2) Após ganhar a confiança de Marinho, Joel deveria fazê-lo falar sobre o esquema de corrupção da área administrativa da estatal, ao qual o funcionário era conectado;
3) Tinha de fazê-lo falar também sobre outro esquema de corrupção, fora da órbita de Marinho. Esse segundo esquema funcionava na área de tecnologia, responsável pelas grandes compras de equipamentos de informática;
4) Deveria gravar as conversas com a câmera oculta de Jairo;
5) Quando a fita estivesse em poder de Wascheck, Molina entraria em cena, como um misto de incendiário e bombeiro. Caberia

ao *comandante*, num primeiro momento, difundir a existência da fita em certos círculos políticos de Brasília. Depois, anunciar que os guardiões da gravação estavam prontos tanto para detonar a bomba quanto para negociar seu desarmamento de forma silenciosa.

Entre passagens aéreas, diárias de hotel, gastos extras e pagamento de pessoal, Wascheck gastaria cerca de 50 mil reais na operação. Comparado com a fortuna que estava em jogo, uma ninharia.

Ao prender Marinho num vídeo-alçapão, Wascheck teria ouro em pó nas mãos, com o qual poderia remover obstáculos nos Correios — como o próprio Marinho — e negociar melhores condições para seus negócios com botas, cofres e capas de chuva. Mas não ganharia nada com a detonação do esquema de corrupção do setor de tecnologia. Essa era uma área para pesos pesados, e o calibre de Wascheck não chegava a tanto. As concorrências para as quais o empresário tinha cacife eram cotadas a, no máximo, 5 ou 6 milhões de reais. As licitações dos Correios para a compra de equipamentos de informática (computadores, impressoras, monitores etc.) eram bem maiores, atingindo 30, 50 ou até 100 milhões de reais. Por que então a operação de Wascheck nos Correios também mirava a área de tecnologia se o empresário não negociava com produtos de informática? A quem serviria essa parte do vídeo-alçapão? As respostas a essas perguntas estavam encerradas num conjunto de prédios instalado no Setor Policial Sul de Brasília, um círculo fechado no qual Wascheck tinha trânsito de mão dupla, usando e sendo usado. As respostas estavam no QG da Agência Brasileira de Inteligência (Abin), o serviço secreto brasileiro.

* * *

COINCIDÊNCIAS (OU O DIA EM QUE O MUNDO VEIO ABAIXO E NINGUÉM ESTAVA DE PÉ)

Se existe um órgão público que merece o adjetivo capilar, esses são os Correios. Com mais de 100 mil funcionários, ele está presente em todos os 5.560 municípios do país, aonde chega com suas lojas, suas caixas postais e seus incansáveis carteiros. Num país de má fama no que se refere a serviços públicos, é um dos organismos estatais mais eficientes e admirados pelos brasileiros.

Toda essa performance custa caro. Para entregar suas cartas e encomendas no prazo, os Correios têm aviões Boeing à sua disposição exclusiva, possuem uma frota formada por milhares de caminhões e carros e dependem de um planejamento complexo, controlado por uma vasta rede de computadores. Fora isso, ainda há os gastos com mão-de-obra (própria e terceirizada), mesas, balanças, carimbos, fitas adesivas e, para a alegria de Wascheck, cofres, jaquetas e capas de chuva, entre outros produtos e serviços.

Com um faturamento anual de quase 9 bilhões de reais, os Correios são um comprador disputado. No início de 2005, por exemplo, causaram alvoroço ao anunciar que pretendiam contratar uma empresa que, durante cinco anos, lhes fornecesse uma montanha de medicamentos e monitorasse a saúde dos funcionários e dependentes portadores de doenças crônicas. Valor do negócio: 305 milhões de reais. Esse contrato era apenas um entre os seiscentos que estavam em vigor na estatal.

Essa jóia do Estado era cobiçada não apenas por fornecedores, mas também por políticos e partidos. Controlar um único setor dos Correios já era sinônimo de poder, além de representar um passe garantido para a intermediação de grandes negócios. Para aqueles que topavam trocar a obrigação de defender o bem público pelo jogo da corrupção, a estatal era um excelente trampolim para a obtenção de fundos de campanha e um atalho certo para o enriquecimento. A antiga mistura nacional de corrupção ativa, corrupção passiva e falta de fiscalização transformara os Correios num bordel. Havia casos de contratos milionários que eram superfaturados em mais de 100%.

Quando o Partido dos Trabalhadores assumiu o poder, em 2003, a farra continuou. Logo de cara, a exemplo do que haviam feito seus antecessores, o partido tratou de dividir o butim eleitoral com seus aliados. Ao PMDB, entregou a presidência da estatal, além das áreas comercial, financeira e de recursos humanos. O PTB levou a diretoria administrativa. Para si, o PT reservou o filé: o setor de tecnologia, responsável pela definição de quanto, quando e o que comprar no vasto e caro supermercado dos produtos e serviços de informática.

A corrupção nos Correios estava organizada em esquemas divididos por setor e nível hierárquico. No comando do Departamento de Compras e Contratações (Decam), ligado à Diretoria Administrativa, Maurício Marinho era um dos elos dessa corrente. O alvo de Wascheck era funcionário dos Correios havia 26 anos. Até atingir o terceiro escalão do serviço público federal, fizera um pouco de tudo em postos burocráticos da estatal no Rio, no Pará e em Brasília. Conhecia todos os escaninhos da empresa e sabia o valor que era ter um bom padrinho. Certa vez, panfletou seu currículo na capital federal até encontrar alguém que o patrocinasse para um cargo de chefia. Conseguiu o posto e, depois, outros.

Em junho de 2004, por indicação de um integrante do PTB, Marinho assumira o Decam. Com salário e comissão de chefia, ganhava líquidos 7.000 reais por mês. Chegara aos 52 anos de idade com apartamento próprio, filhos criados e netos ao seu redor. Estava prestes a se aposentar. No entanto, Marinho tinha um fraco. Gostava de "agrados". Apesar de ser um "peixe pequeno", um "bagrinho" e um "cola-selo", como se autodefiniria mais tarde, o funcionário tinha o poder de

COINCIDÊNCIAS (OU O DIA EM QUE O MUNDO VEIO ABAIXO E NINGUÉM ESTAVA DE PÉ)

dar canetadas que faziam as coisas andarem ou pararem na burocracia dos Correios. Dois mil reais aqui, quatro ali, oito acolá... Fazendo as contas, nos últimos sete meses ele havia amealhado 20 mil reais em "agrados" oferecidos por fornecedores da estatal.

Maurício Marinho era a pontinha de um sistema corrompido. Ele não significava praticamente nada dentro da roubalheira nos Correios. Olhando mais de longe, os próprios desvios nos Correios também eram um grão perto do assalto praticado diuturnamente ao Estado brasileiro. O que ocorria nos Correios ocorria de forma igual em muitas outras repartições. Com seus 30 ministérios e secretarias com status ministerial e centenas de estatais e autarquias, o Executivo era um queijo suíço, por onde circulavam todo ano centenas de bilhões de reais (isso sem falar no Legislativo e no Judiciário). Nesse banquete, qualquer mordidinha já resolvia o problema de muita gente. E a turma mordia.

Como todo ramo de negócios, o mercado da corrupção precisava de uma certa organização para funcionar. Um empresário disposto a "agradar" um agente público em troca de favores tinha de saber, antes de tudo, quem "agradar", com o que "agradar" e, sobretudo, de que maneira fazer o "agrado" chegar ao destino final. E havia ainda o antes e o depois, ou seja, o encaminhamento do pleito e o seu acompanhamento, até a conclusão do negócio. Não era fácil. Mas para isso existia a figura do operador. Era ele quem servia de ligação entre corruptores ativos e passivos, era ele quem escutava um lado e cochichava com o outro. Sem ele, não havia samba. Entrava governo, saía governo, lá estavam os operadores a unir a fome com a vontade de comer.

Com a assunção do PT, entretanto, as coisas tinham ficado um pouco bagunçadas. A chegada de um grupo político estreante ao Palácio do Planalto fizera com que as correntes de corrupção que funcionavam bem havia décadas fossem simplesmente dinamitadas. Óbvio que havia gente disposta a corromper e ser corrompida, mas ninguém sabia ao certo quem eram os operadores credenciados de um lado e de outro. Nos Correios, o próprio Marinho sentia isso na pele. Sua área era comandada pelo PTB, com quem era possível sentar e conversar, mas quem garantia que os acertos seriam honrados mais à frente, na Diretoria de Tecnologia, por exemplo, onde quem mandava era o PT? Às vezes, numa mesma concorrência, uma diretoria abraçava a causa do fornecedor X enquanto o concorrente Y era patrocinado por outra diretoria. Enfim, a ética da malandragem perdera seus parâmetros.

No Palácio do Planalto, sabia-se da roubalheira nos Correios. Sabia-se também que o ambiente andava confuso. No início de 2005, um estudioso das questões da estatal fora bater às portas da Secretaria de Comunicação de Governo (Secom), comandada pelo ministro Luiz Gushiken. Munido de gráficos, números e informações, o garganta provara por A mais B que os Correios estavam à deriva num revolto mar de corrupção. Amigo e conselheiro do presidente Luiz Inácio Lula da Silva, Gushiken percebeu a gravidade do problema. Tratou então de enviar o garganta, juntamente com um emissário confiável, para uma audiência com o poderoso ministro-chefe da Casa Civil, José Dirceu, ocorrida entre os dias 10 e 20 de fevereiro.

No quarto andar do Palácio do Planalto, diante do homem que controlava a máquina do governo, o denunciante repetiu o que sabia. José Dirceu escutou tudo sem demonstrar qualquer reação. No final da audiência, na frente do representante de Gushiken e do garganta, o ministro chamou a secretária e avisou que precisava falar, com urgência, com o ministro das Comunicações, Eunício Oliveira, e com o diretor-geral da Abin, Mauro Marcelo de Lima e Silva. As

COINCIDÊNCIAS (OU O DIA EM QUE O MUNDO VEIO ABAIXO E NINGUÉM ESTAVA DE PÉ)

visitas então foram embora imaginando que o problema estava encaminhado. Erraram.

A denúncia de fato chegou à Abin. Mas daí a dizer que o problema estava encaminhado era outra coisa. Seria exagero dizer que a Abin não trabalhava para o governo, mas certamente não trabalhava só para o governo. Desde a ditadura militar (1964-85), quando crescera e ganhara uma perigosa autonomia, o serviço secreto agia a mando da Presidência da República, mas sem se descuidar dos seus próprios interesses e dos interesses do seu patrono, as Forças Armadas. Na gestão do PT, era enorme a distância entre os interesses do governo e as preocupações específicas da Abin e dos militares. Inimigos históricos aproximados pelos caprichos da democracia, um lado não deixara de ver o outro com desconfiança, ainda que de forma disfarçada.

A missão de checar as denúncias nos Correios caiu como uma luva em alguns setores da Abin. O serviço secreto não deixaria de atender às ordens da Casa Civil. Mas aproveitaria a oportunidade para investigar o que o partido do governo andava aprontando na estatal, sobretudo na Diretoria de Tecnologia.

* * *

Coincidência: a Abin deu início às investigações nos Correios na mesma época em que Wascheck começava a preparar a operação para fisgar Maurício Marinho. Enquanto o empresário acionava Joel, Jairo e Molina, a direção do serviço secreto também se mexia.

No caso da Abin, quem recebeu a tarefa de entrar no pântano dos Correios, vasculhar a empresa e sair de lá sem ser notado foi o agente Edgar Lange Filho. Quem não conhecia seu currículo seria incapaz de imaginar que aquele senhor miúdo era um agente secreto. Seus parcos sessenta quilos, divididos em 1,60 metro de altura, os cabelos prateados e a barba da mesma cor não indicavam nenhum James Bond. Melhor para Lange, que vivia de parecer o que não era. Aos 50 anos de idade, Lange — ou melhor, *Alemão* — era um dos agentes de rua mais experientes do serviço secreto, onde trabalhava havia 28 anos.

Alemão honrou a fama. No início de 2005, na virada de fevereiro para março, quando ainda não fora oficialmente escalado para investigar os Correios, o agente dirigia seu carro próximo ao shopping Pátio Brasil, na Asa Sul, quando encontrou um antigo colega do SNI, a quem não via fazia pelo menos dez anos. Era José Santos Fortuna Neves.

— "*Alemão*", berrou Fortuna. — "*Camisa de Seda*", devolveu Lange. Lange se lembrava perfeitamente de Fortuna, a quem os colegas chamavam de *Camisa de Seda*. Ele ganhara o apelido, em meados da década de 1980, por dois motivos. O primeiro era porque gostava de andar bem-vestido na região dos garimpos de Serra Pelada e Cumaru, no sul do Pará, onde trabalhava a mando do SNI. O segundo era porque vivia a gastar o latim aprendido no Seminário-Menor de Mariana, em Minas ("*Si fractus inlabatur orbis, impavidum ferient ruinae*", repetia com freqüência).[1]

O encontro viria a calhar para ambos. Após deixar o serviço secreto, Fortuna passara a intermediar negócios para grandes empresas privadas, geralmente da área de tecnologia. Naqueles dias, ele andava desgostoso com derrotas que tivera em concorrências dos Correios destinadas à compra de computadores. Achava que, na estatal, tinha alguém jogando contra ele.

Dez anos de distância foram apagados em poucos minutos. No meio da rua, um se atualizou sobre a vida do outro, trocaram tele-

---

[1] Se o mundo vier abaixo, encontrará de pé o homem justo (tradução livre).

COINCIDÊNCIAS (OU O DIA EM QUE O MUNDO VEIO ABAIXO E NINGUÉM ESTAVA DE PÉ)

fones e combinaram de se falar novamente em hora e local mais apropriados.

Dias depois, Lange foi ao escritório de Fortuna, no edifício Varig, na Asa Norte. Na conversa, baixou uma onda nostálgica em *Camisa de Seda* e ele ficou relembrando seus tempos de agente do SNI em Cumaru. Lange aproveitou o clima para retirar informações de seu ex-colega sobre a Unisys — fabricante americana de equipamentos de computação, grande fornecedora dos Correios e, coincidência, também baseada no edifício Varig.

Pouco depois daquele encontro, *Alemão* foi oficialmente designado para investigar a corrupção nos Correios, com especial atenção para a área de tecnologia. A ordem partiu do diretor do Departamento de Operações da Abin, Paulo Ramos. Uma das primeiras providências de Lange foi procurar Fortuna. Amaciado pelos dois encontros anteriores, o diálogo evoluiu rapidamente. Para garantir que ambos não cairiam em ciladas, Lange e Fortuna passaram a se encontrar em lugares abertos, como o populoso Shopping Brasília, na Asa Norte, ou a deserta Quadra Interna 25 do Lago Sul.

Correndo na mesma faixa e no mesmo momento, somente por um milagre as operações de Wascheck e da Abin não se encontrariam. Até porque — essa, sim, a maior série de coincidências de que se tem notícia na história da capital federal — os personagens envolvidos nas duas investigações se conheciam. *Alemão* e seu chefe já tinham sido colegas de Jairo, o dono da câmera oculta, no serviço secreto. Aliás, não fazia muito tempo que o próprio Lange trombara com Jairo num shopping, onde o agente engraxava os sapatos. Igualzinho havia acontecido com Fortuna. Fortuna e Waschek, por sua vez, também haviam se conhecido tempos atrás, num encontro de negócios.

Brasília tem o formato de um avião, mas naquele início de 2005 parecia um ovo.

* * *

Na primeira vez que foi à sede dos Correios, no dia 3 de março, Joel estava sem a câmera oculta. Era apenas uma missão de reconhecimento, para sentir a barra antes de dar o bote. Na portaria, ele apresentou sua carteira — verdadeira — da Ordem dos Advogados do Brasil, seção Paraná, número 12.688. Informou, entretanto, um destino falso. Em vez de ir ao local indicado, subiu ao primeiro andar do prédio e se apresentou à secretária de Maurício Marinho, dona Amparo. A essa altura, já era então J. Goldman. Mesmo sem ter hora marcada, pediu à secretária para ser recebido por Marinho, pois, segundo disse, tinha um assunto do interesse do funcionário. Para sua surpresa, depois de um breve chá-de-cadeira, foi conduzido à sala do chefe do Departamento de Compras e Contratações dos Correios.

Como empresário respeitável que era, Goldman começou por pedir desculpas a Marinho por aparecer sem audiência marcada. Contou que estava de passagem por Brasília e não queria perder a oportunidade de conhecê-lo. Enquanto Marinho sorria, o falso empresário tratou de apresentar as credenciais da Allcom, representante da multinacional G.E., que em breve, isso ainda era segredo, compraria o braço da IBM na Europa. "Estamos montando uma subsidiária no Brasil e queríamos participar, ganhar uma licitação nos Correios", explicou da forma mais didática possível. Por que os Correios? Goldman justificou: "Nós queremos efetivamente, dr. Maurício, ganhar uma das licitações que estejam dentro do nosso espectro de produtos. Os Correios desfrutam um conceito de quase 100% de aceitação nacional, e

COINCIDÊNCIAS (OU O DIA EM QUE O MUNDO VEIO ABAIXO E NINGUÉM ESTAVA DE PÉ)

nos interessa ter a marca dos Correios." Era o tipo de conversa de que Marinho gostava. O funcionário quis saber então o que a G.E. vendia. "Olha", prosseguiu Goldman, "nossa empresa trabalha na área de informática, mas o espectro é enorme: uniformes... praticamente quase todos os itens." E emendou: "A empresa estaria disposta a qualquer coisa para ser fornecedora dos Correios."

"Qualquer coisa" era bom demais. Dali em diante, o diálogo fluiu cada vez mais macio, com Marinho se desmanchando em gentilezas. Orientado por Wascheck, Joel então jogou a primeira isca: questionou se os "acertos" deveriam ser feitos com o próprio Marinho, ao que o funcionário respondeu que sim. Joel não deu tempo para o funcionário pensar e engatou a segunda maldade: "Olha, inclusive sabemos que o senhor é indicado pelo deputado Roberto Jefferson." Foi a deixa para que Marinho desfiasse suas relações com o presidente do PTB e descrevesse o funcionamento de uma cadeia de corrupção supostamente comandada pelo partido.

Papo vai, papo vem e Joel colocou a terceira pergunta cavilosa do dia. "Deixa eu perguntar uma coisa: como você está em relação à Novadata?" Marinho engoliu. Explicou que a fabricante de produtos de informática tinha feito alguns "acertos" para obter um reajuste de 5,5 milhões de reais num contrato. Bingo! Mais um ponto para Joel. A Novadata não era uma empresa qualquer. Seu dono, Mauro Dutra, era amigo de longa data do presidente da República. Tinha inclusive hospedado Lula em sua casa de praia, em Búzios, no *réveillon* de 2001.

Depois de meia hora de conversa, Joel/Goldman achou que a colheita já estava de bom tamanho. Despediu-se de Marinho com a promessa de que voltaria em breve para continuar os entendimentos. Antes de ir embora, porém, ganhou um brinde do chefe do Decam: documentos da estatal relacionados a uma futura licitação da área de informática. Quando Joel deixou o prédio, tinha uma certeza: seria um passeio gravar aquele boquirroto.

* * *

As coisas não aconteceram exatamente como Joel imaginava. Na segunda visita a Marinho, uma semana depois do primeiro encontro, Joel deixou um fio da câmera desligado, e o equipamento não funcionou. Ele teve então de retornar aos Correios, dias depois, para uma nova conversa com o chefe do Decam. Dessa vez correu tudo bem com o equipamento, mas, para seu azar, Wascheck não gostou do resultado. Após assistir à gravação, o empresário disse que Marinho poderia contar mais podres. Nesse meio-tempo, o funcionário dos Correios entrou de férias e viajou para o interior do Mato Grosso do Sul, seu estado natal. Na opinião de Joel, aquela operação já estava demorando demais.

O cupincha de Wascheck já não sabia mais o que dizer a Marinho para justificar tanto trololó. Teve então a idéia de apresentar-lhe um outro executivo da Allcom, um especialista em informática. Joel foi buscar o tal *expert* no seu círculo de amizades de Curitiba, mais especificamente no Rotary Clube Rebouças. Em troca de mil reais, o técnico em informática João Carlos Mancuso Villela foi convencido a participar da farsa. Quando baixou em Brasília, em abril, João Carlos já estava rebatizado com o nome de Paulo Maftum, diretor financeiro da Allcom.

Passadas as férias de Marinho, Joel ligou para ele a fim de marcar uma nova reunião. Avisou que levaria um diretor da Allcom e também uma retribuição pela gentil colaboração: um "agrado" de 3.000

COINCIDÊNCIAS (OU O DIA EM QUE O MUNDO VEIO ABAIXO E NINGUÉM ESTAVA DE PÉ)

reais, primeira parcela de um total de 15 mil reais. Vestiu então, pela quarta vez, seu terno verde-claro e foi sangrar Marinho vivo.

Já íntimo de dona Amparo, J. Goldman chegou trazendo doces, fazendo brincadeiras, e foi logo entrando na sala de Marinho. Enquanto apresentava João Carlos/Paulo Maftum ao chefe do Decam, colocou a pasta com a câmera oculta no braço de uma cadeira. Com a desculpa de que Maftum precisava saber como funcionava o esquema de licitação nos Correios, Joel fez Marinho repetir tudo o que dissera antes, com acréscimos. O alvo não decepcionou. Contou que o PTB passava o chapéu junto a fornecedores dos Correios e de outras estatais controladas pelo partido a fim de fazer caixinha para campanhas eleitorais. O esquema, segundo Marinho, seria comandado pelo deputado Roberto Jefferson. O funcionário tornou a falar da Novadata, jogou o PMDB na fogueira, disse quanto se costumava pagar de comissão pelos contratos ganhos e explicou que o pagamento poderia ser feito de três formas: *cash* (dólar, euro ou reais), entregas especiais em hotéis ou depósitos em conta-corrente.

A certa altura da conversa, Goldman sacou três maços de mil reais cada, envoltos num elástico, e ofereceu-os ao chefe do Decam. Num movimento sincronizado, Marinho recuou um pouco a cabeça, esticou a mão esquerda com o indicador e o polegar em pinça, pegou os maços de dinheiro e enfiou-os no bolso do paletó. Paulo Maftum ficou tão chocado com a cena que parou de representar e voltou a ser João Carlos. Sabendo que tudo aquilo tinha sido gravado, ele não resistiu. Ao se despedir de Marinho, pediu de volta o falso cartão de visitas que entregara ao funcionário. "Olha, o senhor me desculpe, mas dava para o senhor me devolver o cartão? Não é por nada não, mas dava para o senhor me devolver o cartão?", repetiu, meio abobalhado. Entorpecido

O OPERADOR

pelos 3.000 reais, Marinho devolveu o cartão sem desconfiar de nada, e a dupla foi embora.

Com duração de uma hora e 54 minutos, a gravação fisgara Marinho (o peixinho) e o PTB de Roberto Jefferson (os peixões). Quando viesse a público, dali a um mês exato, a fita desencadearia terremotos em série, que tragariam o PT, PL, PP, PTB, PMDB e PSDB. Na queda, os currículos do presidente Lula e do Partido dos Trabalhadores desabariam sobre suas cabeças.

O Brasil, que vive sem heróis mas não vive sem vilões, teria finalmente um substituto à altura para o finado Paulo César Farias, tesoureiro corrupto do ex-presidente Fernando Collor de Mello.

Nascia assim um estafermo, um novo judas, um bode viçoso no qual o país poderia despejar toda a sua ira. Começava a morrer o operador Marcos Valério Fernandes de Souza.

CAPÍTULO 2

Ó Minas Gerais...

Curvelo é uma cidade do interior de Minas, localizada no centro do estado. Como centenas de outras, sem grandes relevos. Gente de todo o mundo, no entanto, já leu seu nome, impresso na abertura de *Grande sertão: veredas*, de Guimarães Rosa:

> Para os de Corinto e do Curvelo, então, o aqui não é dito sertão? Ah, que tem maior! Lugar sertão se divulga: é onde os pastos carecem de fechos; onde um pode torar dez, quinze léguas, sem topar com casa de morador; é onde criminoso vive seu cristo-jesus, arredado do arrocho de autoridade. O Urucuia vem dos montões oestes. (...) O gerais corre em volta. Esses gerais são sem tamanho.

No dia 29 de janeiro de 1961, nasceria em Curvelo outro menino predestinado à fama, mas no papel de cristo-jesus, arredado do arrocho da autoridade.

Marcos Valério Fernandes de Souza nasceu por insistência e habilidade do pai, Adeliro de Souza, mais conhecido como *Lêro*. Jogador de futebol, balconista de uma loja de móveis baratos, *Lêro* teve de gastar muita lábia para convencer seu Fernandes, fazendeiro venturoso de Curvelo e proprietário de uma loja de tecidos, a conceder-lhe a mão da filha Aide. O casal teve cinco filhos (quatro homens e uma mulher).

Marcos Valério, o segundo da fila, só fez nascer em Curvelo. Ainda bebê, foi levado para Belo Horioznte, onde *Lêro* e Aide foram ganhar a vida.

Na capital, Marcos Valério teve uma infância muito simples, mas longe do que pode ser chamado de pobreza. Morou no Caiçara, no Glória e no Padre Eustáquio, bairros classe média cheios de vida, com garotada correndo pelas ruas. Estudava no Colégio Padre Eustáquio, particular, e fazia as vezes de balconista numa farmácia para ganhar uns trocados. Quieto, estudioso, esforçado, não exatamente popular com as meninas, Marcos Valério era um adolescente focado, enquanto seus colegas eram apenas adolescentes. Era o diferente — um pouco por vocação e muito por escolha — numa fase da vida em que todos querem ser iguais. Por causa disso, tornou-se alvo fácil das crueldades típicas da juventude. A começar pelo apelido: *BG* ou *Marcos BG*, o bom geral — muito antes que um elogio, uma maldade. Ele era aquele de quem a turma adorava chutar a pasta ou cercar no recreio e deitar chacota em cima, atitudes às quais geralmente Marcos Valério preferia não reagir.

Quando tinha 17 para 18 anos e cursava o último ano do colegial, Marcos Valério começou a notar uma menina de 15 que morava numa casa de fundos com a sua, na rua Cesário Alvim, no Padre Eustáquio. Galeguinha dos olhos azuis, magra, nem baixa nem alta (1,63 metro), Renilda Maria Santiago também percebia aquele moço da rua Dom Viçoso, de cabeleira vasta, magro igual a ela e puxado para o grupo dos *mignons* (ele mede 1,71 metro). Com sua mania de repuxar os músculos da região da bochecha, fazendo cara de menino que pede desculpas por uma traquinagem, Marcos Valério foi cercando Renilda até conseguir namorá-la. Era o início de uma união duradoura e sofrida.

Em 1980, aos 19 anos de idade, Marcos Valério passou em sexagésimo lugar no vestibular de engenharia mecânica da PUC. Não era um bom aluno. No primeiro semestre do curso, das cinco disciplinas para as quais se inscreveu, foi reprovado em três (matemática I e II e química). Sua performance piorou ainda mais no segundo semestre, quando ele levou bomba em cinco matérias e só passou em uma (iniciação filosófica II), mesmo assim raspando, com 64 pontos.

A favor de Valério, pesava um atenuante: ele estudava pouco de noite mas trabalhava muito de dia. De manhã, Marcos Valério dava expediente no Banco do Estado de Minas Gerais (Bemge) como escriturário, cumprindo tarefas simples e burocráticas. À tarde, fazia um bico, revendendo brita, cimento e areia para uma empresa de Sete Lagoas. Quando chegava à universidade, pouco antes das 8:00 da noite, estava exausto.

A relação de Marcos Valério com a universidade dá a exata dimensão da sua obstinação. Ele faltava muito às aulas, suas notas eram péssimas, mas ainda assim não desistia. No segundo e no terceiro ano de curso, Valério simplesmente foi reprovado nas 14 matérias em que estava inscrito. Sua nota média era de 15 pontos em 100, sendo que as notas zero recheavam boa parte do boletim. Estava na cara que, naquele ritmo, ele não terminaria o curso. Contudo, a cada início de semestre letivo, Marcos Valério enfrentava as filas da PUC para renovar sua matrícula. Ano após ano, bomba após bomba, mensalidade após mensalidade, ele não deu o braço a torcer. Numa trajetória acadêmica rara, Marcos Valério pagou a universidade durante 17 anos. Inscreveu-se em 84 disciplinas e, no final das contas, foi aprovado em apenas cinco matérias. Nos últimos 14 anos do curso, além da matrícula, ele praticamente nada fez. Teve 43 notas zero, uma nota cinco e só.

O OPERADOR

Com o tempo, a vontade de ter diploma de curso superior se transformaria numa obsessão. Quando tinha de preencher uma ficha cadastral qualquer, Marcos Valério tascava "engenheiro mecânico" no item "formação escolar". Se conhecia alguém que estudara na PUC Minas, logo se apresentava como engenheiro formado pela faculdade.

Em que pesem as dores dos sonhos não realizados, na prática a universidade sempre fora um item supérfluo, um luxo na vida de Valério. O que importava mesmo era seu emprego no banco. E este não era grande coisa.

Olhando por um ângulo, a situação de Marcos Valério no Bemge não era nada promissora. Abaixo dele, na hierarquia, só havia os office-boys, os seguranças e as faxineiras. Para cima, o que se via era uma empresa estatal espoliada, a funcionar dentro de um sistema anacrônico. Depois de décadas e décadas servindo de lastro para negócios falidos, quando não escusos, o banco caminhava para os seus estertores. Dentro de uma década, seu destino seria desaparecer, ao ser engolido pela banca privada, no último lance de uma história recheada de escândalos e corrupção. Marcos Valério, porém, enxergava diferente. Para ele, o banco representava um mundo de possibilidades à mão de quem tivesse competência para descobri-las e força para merecê-las.

Naquele inicinho dos anos 1980, no alvorecer da era *yuppie*, a ambição e a determinação valiam muito. E isso Valério tinha de sobra, sem contar a rara capacidade de convencimento que herdara do pai. Conversando muito, trabalhando como um escravo, resolvendo problemas dos outros e sendo leal como um cachorro, *Marcos BG* subiu no Bemge. De escriturário passou a agente administrativo, foi a auxiliar de gerente e, depois, a gerente. Com o tempo, deu um jeito de Renilda ir trabalhar no banco também. Valério ainda conseguiu ser chamado para ocupar um assento no Conselho do Bemge e, de lá, passou a diretor do Agrimisa, outro banco de Minas, outra história de malversações esquecida no tempo.

Com as promoções a lhe darem certeza de que tinha um futuro pela frente, depois de longos sete anos de namoro Marcos Valério pediu a mão de Renilda em casamento. A união — em regime de comunhão parcial de bens — foi celebrada no dia 1º de agosto de 1986, às 13:00 horas, na Igreja da Santíssima Trindade, no bairro Gutierrez. Terminada a fila de cumprimentos à porta da igreja, Marcos Valério trocou de roupa e foi trabalhar. Queria deixar algumas coisas encaminhadas no banco até o início da noite, quando partiria em lua-de-mel para Poços de Caldas. O plano acabou sendo subitamente alterado, no entanto, por causa de um presente recebido de última hora: uma viagem para Piúma, no Espírito Santo. O noivo achou que seu Fusca não dava para a empreitada e pediu o Opala do pai. A noiva foi comprar um biquíni na rua Padre Eustáquio e desfazer as malas, preparadas para uma temporada no frio. Tudo pronto, a dupla pegou a BR- 262, e Marcos Valério dirigiu o Opala enquanto agüentou. Já no meio da noite, pararam num posto de gasolina, à beira da estrada, onde se deu a noite de núpcias.

* * *

Os primeiros anos de casamento foram de muita peleja. Apesar da carreira bem-sucedida nos bancos estatais de Minas, Marcos Valério não ganhava muito. Ele e Renilda começaram alugando um apartamento pequeno e depois se mudaram para outro, financiado. Enquanto pagavam as prestações do imóvel, compraram um lote no bairro Castelo, de classe média, e começaram a construir uma casa. Renilda engravidou e deu à luz Luiz Gustavo. A vida avançava de forma estável e ascendente quando veio a tragédia. Aos 5 anos de idade, Luiz Gustavo foi diagnosticado com câncer na base do tronco. Renilda largou o Bemge, onde trabalhava havia três anos no setor de treinamento de pessoal, para se dedicar integralmente ao menino, submetido a um penoso tratamento. Depois de dez meses de angústia e sofrimento, Luiz Gustavo morreu.

Como é comum acontecer em situações como essa, a perda do filho teve efeitos profundos na vida do casal. Pedagoga formada, Renilda nunca mais voltaria a trabalhar, devotando sua vida à casa — que transformaria num eterno canteiro de obras —, ao marido e à filha, Nathália, que tinha 2 anos quando tudo aconteceu (oito anos depois, nasceria João Vítor). Católica praticante, Renilda se inclinaria ao espiritismo.

Em Marcos Valério, a mudança foi diferente. Ele se tornou um homem fechado e, muitas vezes, frio. Aos amigos ou até mesmo a conhecidos com quem não tinha grande intimidade, passou a dizer que não acreditava mais em Deus. Dali em diante, falava, o que lhe interessava era trabalhar ainda mais e ganhar dinheiro, muito dinheiro. Com o tempo, Marcos Valério desenvolveria uma quase obsessão em oferecer aos filhos — sobretudo a Nathália — tudo o que houvesse de melhor no mundo, e não se está falando aqui no sentido figurado.

* * *

Depois de uma década de aprendizado no Bemge, Marcos Valério — então com menos de 30 anos — fez sua estréia nas altas rodas federais. E já no estilo que no futuro o consagraria: na moita e enrolado.

Todo dia, Marcos Valério se despedia da mulher dizendo que ia trabalhar no Banco Central. Foi assim durante um ano e oito meses.

Em Belo Horizonte, aos que lhe perguntavam o que fazia, ele contava que era superintendente internacional do BC. O cargo nunca existiu. Tampouco o emprego no Banco Central. O enrosco é um dos (muitos) mistérios de Marcos Valério.

O fio dessa meada começa em março de 1988, quando o então presidente José Sarney nomeou seu amigo Elmo Camões para a presidência do Banco Central. O banqueiro assumiu o posto tendo à sombra o filho e sócio Elmo Camões Filho. Colado a este, estava um grande amigo: Marcos Valério. Foi durante a curta e barulhenta gestão de Camões no BC que Valério se transmutou em funcionário-fantasma da instituição.

Grandes mestres comandavam a escola onde Marcos Valério aprendeu suas primeiras mágicas. Elmo Camões, o pai, é o que pode se chamar de raposa da banca. Em meados da década de 1940, ainda rapazote, iniciara sua carreira no Banco do Brasil e passara por diversos postos, inclusive a chefia de gabinete do Departamento de Redesconto, cujo titular era um jovem senhor chamado Tancredo Neves. Ainda no BB, foi gerente de câmbio nas agências do Paraguai e de Montevidéu. Na década de 1970, transferiu-se para o Banespa, ocupando o cargo de gerente-geral da agência de Nova York, e, mais tarde, para o Banco Société Générale (Sogeral), do qual se tornou diretor-presidente.

Camões ainda não contava um mês na presidência do Banco Central quando foi alvo de uma denúncia. Segundo a acusação, o banqueiro teria realizado operações irregulares no sistema financeiro quando ainda era diretor do Sogeral. Camões acabou inocentado, mas o caso resultou em uma punição para o sócio majoritário do banco, Naji Nahas, outro mago das finanças.

No ano seguinte, Camões se envolveria em nova denúncia, ao lado do filho e, mais uma vez, de Naji Nahas. Naquele ano, operações tarja preta realizadas por Nahas na Bolsa de Valores do Rio levaram a uma quebradeira monumental no setor financeiro. Entre os mortos e feridos no mercado futuro de dólar estava a Distribuidora Capitânea, de Elmo Camões Filho, que contabilizara um prejuízo de 100 milhões de cruzados novos, uma fortuna. O presidente do BC se encontrava na Suíça quando a área técnica da instituição começou a planejar uma intervenção na Capitânea. Com a volta de Camões ao Brasil, entretanto, a operação foi abortada. Em vez de autorizar a ação contra a Capitânea, o presidente do Banco Central saiu a campo para socorrer o filho, pedindo ajuda a seus amigos banqueiros no eixo Rio—São Paulo. As manobras para salvar a Capitânea e o filho transpiraram, e com o desgaste Camões acabou pedindo demissão.

Num período marcado pelos escândalos e por uma violenta fuga de capitais do país, nunca se soube direito o que resultou da quimérica passagem de Marcos Valério pelo Banco Central. Uma coisa, porém, é certa: o episódio serviu para fortalecer-lhe a musculatura. Após a experiência, ele voltaria ao Bemge, seu porto seguro. Aos poucos, deslancharia uma carreira solo, como lobista do mercado financeiro. E começaria pela infantaria. Sua função: negociar com credores de bancos o pagamento de créditos já dados como perdidos. Seu pagamento: uma porcentagem do dinheiro que conseguisse reaver.

A banca ganhava mais um operador.

* * *

Uma determinação nipônica e um imenso desejo de crescer na vida se tornaram, juntos e embolados, uma fixação para Marcos Valério. E

Ó MINAS GERAIS...

aí começaram os problemas. Suas muitas conquistas lhe pareciam pouco, como se tivesse assumido o personagem *Marcos BG* da adolescência. Foi quando ele passou a inventar aquilo que não conseguia ser. Ao falso título de funcionário do Banco Central, ele acrescentava outros, como o de engenheiro mecânico. Nos documentos burocráticos, Marcos Valério também preferia fazer constar que morava num bairro classe A de Belo Horizonte, o Bandeirantes, situado na mesma região do Castelo, bairro classe média onde de fato vivia.

Valério não morava num bairro chique, mas sua casa era muito boa e, com as intermináveis obras de Renilda, melhorava ainda mais. Ele não tinha curso superior, mas estava cada vez mais bem colocado e realizado profissionalmente. Não trabalhara no Banco Central, mas chegara ao seleto grupo de integrantes do Conselho do Bemge. Por que então Marcos Valério mentia? Talvez porque o status contasse tanto quanto o dinheiro e as posses.

Ávido por crescer, ganhar dinheiro e fazer parte da elite belo-horizontina, no ano de 1996 Marcos Valério viu apontar a chance de realizar os três desejos ao mesmo tempo. Por trás da jogada, havia duas siglas algo parecidas na carência de vogais e também nas consoantes em comum: PSDB e SMP&B.

Atolada em dívidas e administrada de forma caótica, a maior agência de propaganda de Minas, a SMP&B, estava pela bola sete. Os credores da agência pressionavam por receber seu dinheiro (o equivalente a 30 milhões de dólares), os bancos tinham cortado o crédito e os fornecedores ameaçavam tirá-la da lista de clientes. A empresa esperava apenas pela extrema-unção da Justiça para fechar as portas. Marcos Valério, contudo, recebeu uma dica preciosa: haveria, sim, um futuro para a agência, e ele já estava sendo gestado pela outra sigla envolvida no negócio.

Apesar de virtualmente falida, a SMP&B tinha uma história de sucesso. Criada em 1983 — na fusão da SMP&A, de Cristiano Paz, e da P&B, de Francisco Bastos e Maurício Moreira —, já no ano seguinte a empresa ganhou o título de Agência do Ano de Minas Gerais, no Prêmio Colunistas. No dia 15 de março de 1985, fez história com um anúncio de rodapé de jornal. Para celebrar o fim da ditadura e o início da redemocratização, tascou uma tira preta na última página do caderno de política do *Estado de Minas*. Num pedaço bem pequeno do anúncio, num dos cantos, a tarja preta simulava descolar-se, deixando à mostra um festival de azuis, amarelos e verdes. "Vê, estão voltando as cores", dizia a peça, premiada naquele ano com a medalha de ouro do Prêmio Colunistas, categoria nacional. No ano seguinte, a empresa transferiu suas instalações para um prédio de quatro andares e, a fim de impressionar os clientes, mandou fazer uma mesa para vinte pessoas, em ipê e com tampo de granito. Já era então a maior agência de Minas.

Após a saída de Francisco Bastos da sociedade, em 1986, e a entrada de Ramon Hollerbach, a SMP&B começou a viver uma fase de altos e baixos, mais por problemas de gestão do que pela qualidade de seus trabalhos e clientes. Apesar de ser a principal agência de publicidade do governo de Minas (o maior anunciante individual do Estado) e de ter clientes do porte da Usiminas, uma das gigantes nacionais da siderurgia, a SMP&B colecionava tantas dívidas quanto prêmios. Era muito o dinheiro que entrava na agência, mas o que saía era muitíssimo mais. Cristiano Paz — o sócio responsável pelos contatos com a elite política e empresarial de Minas — era um megalomaníaco. Ele montara uma filial da SMP&B em São Paulo que era um sorvedouro de dinheiro. Apaixonado por *motocross*, trocava de motocicleta como quem vai ao açougue. Paz chegou a montar uma estrutura própria para as competições de que participava, com ônibus e mecânico. Com o tranco do Plano Collor, em 1990, o desequilíbrio entre as receitas e despesas da SMP&B começou a aumentar de forma dramática. A falta de liquidez na praça fez com que os clientes se retraíssem, e a agência se enrolou com os débitos bancários.

Com a morte do diretor financeiro e sócio da empresa, Maurício Moreira, num acidente de moto ocorrido em 1995, a coisa degringolou. Sem forças para reagir, os sócios restantes, Paz e Hollerbach, passaram a assistir a agência afundar. Mas tudo com muita pompa e classe, como sói ser o mundo da publicidade. Mesmo à beira da bancarrota, a SMP&B alugou dois andares inteiros (864 metros quadrados de área) do edifício Asamar, localizado no burburinho da Savassi, o Leblon dos mineiros. Entre aluguel e condomínio, desembolsava o equivalente, à época, a 14 mil dólares.

No início de 1996, já sabendo que os tucanos mineiros tinham grandes planos para a agência, Valério procurou o empresário Cristiano Paz e disse uma frase que ficaria gravada na memória do dono da SMP&B: "Sei que vocês estão numa situação muito difícil, mas eu posso ajudá-los." Enterrado em dívidas, Paz — este, sim, um legítimo membro da elite mineira — tentou explicar àquele desconhecido "consultor" de 35 anos, calvo precoce, que a situação da empresa já tinha ultrapassado a classificação de péssima. Para Cristiano Paz e seu sócio, Ramon Hollerbach, o único movimento possível à SMP&B era demitir os funcionários e entregar o imóvel que ocupava.

Marcos Valério não se abalou com o pessimismo de Paz. Disse a ele que poderia tentar "abrir uma relação" da SMP&B com o mercado financeiro. Amigo de banqueiros e freqüentador das rodas endinheiradas de Minas, Cristiano Paz contou a Valério que o que o mercado financeiro queria mesmo da SMP&B era receber de volta o dinheiro

O OPERADOR

que emprestara, reajustado em quase 12% ao mês, coisa que não seria possível naquela encarnação nem na próxima. Ninguém emprestaria um centavo à agência, afirmou o publicitário. Valério então dobrou a aposta: além de reabrir o crédito da SMP&B na praça, arranjaria também um doido que estivesse disposto a comprar parte da agência falida. Paz continuou como estava. Ele e Ramon Hollerbach já tinham rodado o empresariado mineiro à procura de um sócio capitalista para a SMP&B, mas os candidatos a investidor corriam deles. Paz agradeceu a Marcos Valério, disse que qualquer ajuda naquele momento era bem-vinda, mas frisou que ele e Valério não deveriam esperar por um milagre. O "consultor" se despediu, mas informou que entraria em contato quando tivesse novidades.

Era fato que, mesmo combalida, a SMP&B ainda tinha um portfólio de clientes respeitável, prosseguia faturando e tinha um nome de peso no meio publicitário estadual e nacional. Mas, se seu passivo era dezenas de vezes maior que tudo isso, por que diabos Marcos Valério achava que a empresa tinha salvação? Simples: porque ele via longe. Desde a eleição presidencial de 1989, a primeira pós-ditadura, cada vez mais as agências de propaganda vinham se transformando em operadoras de caixa dois de campanhas eleitorais. A coisa funcionava de duas maneiras. Na mais comum delas, detentores de cargos públicos embutiam uma sobra substancial nos contratos de publicidade dos órgãos que dirigiam. Na época da eleição, as agências usavam essa gordura para pagar despesas das campanhas dos candidatos indicados pelo cliente do poder público. Em suma: desvio de dinheiro do Estado. Na segunda modalidade, empresas privadas e pessoas físicas que queriam doar dinheiro para políticos sem sair do anonimato faziam falsos contratos com as agências de propaganda. Em vez de o dinheiro ali-

Ó MINAS GERAIS...

mentar alguma campanha publicitária, era então canalizado para as campanhas políticas.

Nas décadas de 1970 e 1980, com grande competência, as empreiteiras já tinham operado o caixa dois de campanhas eleitorais. Mas, com os sucessivos escândalos na imprensa, acabaram ficando visadas. No começo da década de 1990, as construtoras começaram a dividir a tarefa com empresas de outros ramos, como, por exemplo, as agências de propaganda. Algumas agências já tinham percebido o filão e, ano após ano, aumentavam a porcentagem do faturamento obtido com operações de caixa dois. A comissão pelo serviço sujo (em torno de 20%) compensava mais que a comissão do contrato de publicidade (15%, em média).

Se a SMP&B tinha salvação, não era no ramo da publicidade. A redenção estava no mercado da política.

Antes mesmo de Marcos Valério aparecer na SMP&B, a agência já tivera provas do que a política era capaz. Em 1995, começara o reinado do PSDB, e, na mudança de ventos, a agência havia ficado numa posição privilegiada. Naquele ano, o governo do recém-empossado presidente Fernando Henrique Cardoso dispensou a realização de concorrência pública e renovou, com uma canetada, um contrato entre a SMP&B e os Correios. Sem disputa, a agência mineira dividiu um bolo de 6,5 milhões de reais com outras duas empresas de propaganda, fato contestado à época pela Procuradoria-Geral da República.

A sorte da SMP&B no cenário federal coincidia com a boa colocação dos tucanos mineiros no goveno FHC e no cenário político nacional. Uma das estrelas da hora era Pimenta da Veiga, o primeiro tucano a se eleger prefeito de uma capital, Belo Horizonte. Fundador e presidente do partido, coordenador político da campanha vitoriosa de FHC, Pimenta não tinha virado ministro porque não quisera.

Fernando Henrique bem que tentou levá-lo para a Esplanada dos Ministérios, mas ele preferiu o papel de articulador do governo no Congresso, responsável, entre outras funções, pela negociação com os partidos da base para preenchimento dos cargos de primeiro escalão. Outro mineiro que brilhava era Aécio Neves, cria política do avô Tancredo. Com impressionantes 105.385 votos, a quarta maior votação no segundo colégio eleitoral do país, Aécio partia para seu terceiro mandato como deputado federal. Até Eduardo Azeredo, conhecido em rodas políticas mineiras como "picolé de chuchu", tinha sido eleito governador do estado sem nunca ter tido seu nome numa cédula eleitoral anteriormente (Azeredo fora vice-prefeito de Belo Horizonte e acabara subindo à condição de titular após a renúncia de Pimenta da Veiga, que deixara o cargo para disputar o governo de Minas). Numa campanha espetacular, Azeredo saiu dos 2% de intenção de votos no início da disputa para, no segundo turno, derrotar o candidato favorito, Hélio Costa, do Partido Progressista (PP).

A assunção dos tucanos fez bem à SMP&B. (Cristiano Paz rasgava dinheiro, mas era bem articulado.) De cara, a agência teve provas de que podia esperar um tratamento amistoso do PSDB. Menos de seis meses depois de empossado, o governador Eduardo Azeredo renovou, por mais sete meses e meio, um contrato que a SMP&B tinha com o Executivo mineiro para fornecer serviços de "propaganda, relações públicas e assessoria de imprensa", fechado no ano anterior por meio de licitação pública. Na renovação, a agência não precisou ganhar nenhuma concorrência, porque simplesmente não houve concorrência. Para a alegria de Cristiano Paz e Ramon Hollerbach, e desgosto dos concorrentes, o contrato foi prorrogado sem licitação, conforme permitia uma brecha da legislação.

Ó MINAS GERAIS...

A relação fraterna entre a SMP&B e o PSDB estava apenas no começo. Marcos Valério, o visionário, já sabia onde ela ia dar.

* * *

Quando Marcos Valério disse que salvaria a SMP&B, a empresa devia cerca de 30 milhões de dólares. Recuperar o irrecuperável já era a especialidade de Valério, mas ainda assim ele precisava achar alguém que se dispusesse, de imediato, a colocar muito dinheiro na agência, a fim de tirá-la do CTI. Valério encontrou o sócio-salvador à beira de uma lagoa, vestindo calção, camiseta e tênis. Pelo menos foi essa a história que contou a Cristiano Paz quando ligou para dar a notícia.

Valério caminhava na pista de *cooper* da lagoa da Pampulha quando viu o empresário Clésio Andrade fazendo seu exercício matinal. Não teve dúvidas: cercou-o, apresentou-se e disse que tinha uma proposta de negócio para ele: tornar-se sócio de uma empresa falida. Na versão de Marcos Valério, Clésio ficou interessadíssimo. Cristiano Paz e Ramon Hollerbach estavam tão desesperados em encontrar uma solução para a SMP&B que acreditaram. A dupla então entregou toda a documentação da agência a Marcos Valério para que Clésio pudesse analisar a papelada. Duas semanas depois, Valério telefonou a Cristiano e anunciou: "Tenho uma boa notícia para vocês. O Clésio vai entrar na sociedade. Ele admira a empresa e tem interesse nesse mercado de comunicação."

Clésio Andrade ganhava a vida no ramo do transporte coletivo. Em outras palavras, seu negócio era ônibus. Era tão bom nisso que seus pares o fizeram presidente da poderosa Confederação Nacional dos Transportes (CNT), entidade que reúne 60 mil empresas e 700 mil autônomos dos segmentos de carga a passageiros. Clésio nunca havia demonstrado interesse pela área de propaganda. Nos últimos tempos, o que ele transpirava era uma queda para a política. Endinheirado e poderoso, Clésio queria ingressar na vida pública. Era filiado ao PFL e figurava como primeiro suplente do senador Francelino Pereira. Seu sonho era um dia governar Minas. Mas, por enquanto, o que de concreto se apresentava a Clésio era, no máximo, uma carona no bonde do PSDB.

Após apresentar Clésio aos donos da SMP&B, Marcos Valério expôs seu plano para sanear a agência. A idéia era abandonar o barco velho — a SMP&B Publicidade —, aproveitar as peças que ainda prestavam e montar um barco novo, a SMP&B Comunicação. Enquanto a SMP&B Publicidade seria induzida à morte — detalhe, junto com todas as suas dívidas —, a SMP&B Comunicação nasceria com a pureza de uma virgem — e com a vantagem: herdaria da primeira sua carteira de clientes, sua estrutura e seu portfólio. A empresa velha seria saneada com o dinheiro de Clésio, que, pelo investimento, ficaria com 40% da empresa nova. Cristiano Paz e Ramon Hollerbach perderiam uma fatia de seu negócio, mas ainda sairiam no lucro, com 28% e 22% das cotas da nova SMP&B, respectivamente. E, por fim, pela função de intermediar e operacionalizar a transação, Marcos Valério ficaria com 10% da agência, mais o cargo de diretor financeiro.

Todos contentes, o próximo passo era resolver um problema delicado. Paz e Hollerbach eram donos de apenas 61% das cotas da velha SMP&B. Os outros 39% pertenciam aos herdeiros de Maurício Moreira, sócio da agência que falecera em 1995. Para que Clésio, Valério, Paz e Hollerbach sacramentassem o negócio, era preciso que os herdeiros de Moreira — seus filhos Rafael Lemos Moreira, de 21 anos, e Joana Lemos Moreira, de 16 — fossem excluídos da velha agência ou incluídos na nova SMP&B. Por comodidade dos dois sócios que restavam e dos dois que entravam, optou-se pela primeira via.

Garotos de classe alta, Rafael e Joana viviam da herança deixada pelo pai. Ele gostava de *motocross*; ela, de fotografia. De um dia para o outro, foram informados de que a SMP&B estava à beira da falência e que, caso se concretizasse a ruína da empresa, eles teriam problemas enormes, podendo até perder outros bens deixados pelo pai. A empresa de fato estava mal das pernas, mas essa não era toda a verdade. Rafael e Joana não sabiam da manobra engatilhada por Marcos Valério para reerguer a agência. Em vez disso, o que foi apresentado a eles era um abismo sem fim.

Uma perícia contábil feita com base nos números apresentados pelo contador da SMP&B, Marco Aurélio Prata, e monitorada por Rogério Lanza Tolentino, advogado encarregado de defender os interesses dos herdeiros, revelou que a agência e as duas empresas a ela ligadas (SMP&B São Paulo e Graffiti Participações) valiam apenas 3.529 reais. Acreditando que as empresas do pai não tinham salvação e, pior, que seriam uma eterna fonte de dor de cabeça, os irmãos Moreira, sempre sob a orientação de Rogério Tolentino, optaram por se livrar daquela suposta herança maldita. O advogado então requereu à Justiça que os herdeiros e o inventariante do espólio fossem autorizados a ceder as cotas de Moreira aos sócios remanescentes da agência. Com isso, Rafael e Joana abriram mão do que lhes era de direito em troca de 2.515 reais. Saíram por uma porta, cada um com 1.257 reais, enquanto Marcos Valério entrou por outra.

Anos mais tarde, já adultos, os irmãos Moreira entrariam com um processo de indenização contra Tolentino. Na ação, eles argumentavam que, em vez de defender seus interesses, o advogado atuara em favor de Paz, de Hollerbach e, sobretudo, de Marcos Valério, de quem

O OPERADOR

posteriormente Tolentino se tornaria sócio. O advogado negava a acusação. O processo ainda tramitava quando este livro foi concluído.

* * *

Eliminado o problema com os herdeiros, era a hora de Marcos Valério atacar outra pedreira: as dívidas da SMP&B. A idéia era procurar os credores e negociar abatimentos. Melhor receber alguma coisa que não receber nada, essa era a filosofia do negócio. Com a lábia e agressividade de Valério, mais alguma sorte, a dívida de 30 milhões de dólares poderia cair a 10 milhões de dólares, ou menos. Mas ainda assim era preciso arranjar um caminhão de dinheiro. Era aí que entrava Clésio Andrade. Ou melhor, entraria.

Ao contrário do que havia sido colocado no início das negociações, o presidente da CNT praticamente não fez investimentos financeiros na empresa. Em lugar de dinheiro, colocou à disposição da SMP&B dezenas de ônibus velhos e uma fazenda no longínquo distrito de Silva Campos, interior de Minas. Marcos Valério pegou os veículos e saiu oferecendo aos credores, encontrando quem os quisesse (mais vale um ônibus velho na mão do que um crédito podre na praça).

Como a fila de credores era longa, faltou ônibus, e Clésio teve de entrar em ação novamente. Como num passe de mágica, em junho de 1996 o presidente da CNT fez com que um banco concedesse um empréstimo de 1,6 milhão de reais à SMP&B. O dinheiro serviu para aliviar dívidas e ainda sobrou para pagar os salários dos funcionários da agência naquele mês.

Que banco seria tão desprendido a ponto de emprestar 1,6 milhão de reais a uma empresa que sabidamente estava à beira da falência?

Quem era o dono desse banco? Quem o dirigia? O nome da instituição era Credireal, que, na condição de estatal de Minas, pertencia a todos os mineiros. Seu comando político ficava a cargo do governo do estado, administrado à época pelo PSDB.

O empréstimo venceria no prazo de um ano. Porém, não demorou dois meses para que a SMP&B se dispusesse a pagar a dívida com o Credireal. Mas não com dinheiro. No dia 22 de agosto, Cristiano Paz escreveu uma carta à direção do Credireal informando, "com profundo constrangimento", mas com a "consciência tranqüila", que a SMP&B não tinha recursos para pagar o banco. Em três páginas, Paz chorou as pitangas de um mercado retraído, queixou-se das empresas mineiras que contratam agências de fora do estado e falou do acidente que matara um dos sócios. Por fim, ofereceu a "única, possível e viável proposta": o cancelamento da dívida em troca da fazenda de Clésio.

A Fazenda Santa Rosa, de 1.600 hectares, tinha sido adquirida pelo pai de Clésio oito meses antes, pelo preço de 140 mil reais. A SMP&B propunha dá-la em troca de uma dívida de 1,6 milhão de reais. O Credireal, outro banco estatal a caminho da privatização, não fazia a menor idéia de quanto valia o imóvel. Mas confiou num laudo de avaliação que atestava que a fazenda valia incríveis 2,4 milhões de reais. (O certo seria o banco pedir três avaliações em vez de uma, conforme a circular número 990 e a norma 1.10.2.6, ambas do Banco Central.) Em outubro de 1996, no apagar das luzes do Credireal, a diretoria do banco aceitou a oferta da SMP&B, quando a dívida da agência já somava 1,8 milhão de reais. Ficou uma coisa pela outra e ninguém mais falou no caso.

Cinco meses após o fechamento do negócio, o Credireal deu um importante passo para a sua privatização: transferiu dezenas de imóveis que lhe pertenciam, incluindo a Fazenda Santa Rosa, para o patrimônio do estado de Minas Gerais. A fazenda então ficou esquecida por quatro anos, até que foi novamente avaliada. Dessa vez, o rigor foi cumprido. Nas três avaliações feitas, o maior valor encontrado para a Santa Rosa foi o de 340 mil reais.

Ou seja, o estado de Minas Gerais, por intermédio do Credireal, emprestou 1,6 milhão de reais à SMP&B, aceitou uma fazenda como pagamento e, quatro longos anos depois, descobriu que o imóvel valia apenas 340 mil reais. De tão estranha, a operação se tornou alvo de um processo movido pelo Ministério Público contra 15 pessoas e empresas, entre elas Cristiano Paz, Ramon Hollerbach, Clésio Andrade, diretores do Credireal e da TNG Engenharia, a responsável pela primeira avaliação da Fazenda Santa Rosa. Na acusação, que ainda não tinha sido apreciada pela Justiça quando este livro foi para o prelo, os promotores mineiros diziam que a quitação do empréstimo fora resultado de uma "operação fraudulenta", camuflada pela "iminente privatização do Credireal". De acordo com o Ministério Público, "valendo-se de seu crescente prestígio junto aos poderes econômico e político", Clésio teria sido o responsável por fazer com que o Credireal aceitasse a "escusa proposta". O "negócio de pai para filho", na expressão dos seis promotores que assinam a ação, causou um prejuízo de 8 milhões de reais ao erário, segundo cálculos feitos pelo Ministério Público em março de 2005.

Todos os acusados negaram ter cometido qualquer irregularidade, justificando tratar-se de uma operação limpa. Alguns anos após a operação entre a SMP&B e o Credireal, no entanto, Paz e Hollerbach, num arroubo de sinceridade, chegaram a admitir que o negócio comportava questionamentos. Na época, eles haviam rompido com Clésio Andrade, com quem brigavam na Justiça. Num dos *rounds* da disputa, Paz e Hollerbach firmaram um documento dizendo que, se a imprensa tivesse tomado conhecimento da operação entre a SMP&B e o Credireal, "o fato (...) seria divulgado com foros de trampolinagem", em "manchetes bombásticas a sugerir negociata". Paz e Hollerbach disseram mais: "Enfim, [seria] um sarilho em que a suspeita assaltaria a imaginação do povo. Sabe-se que a imprensa costuma ser impiedosa..."

Em agosto de 2005, quando depôs no Congresso Nacional, numa Comissão Parlamentar de Inquérito, Cristiano Paz teve palavras mais gentis para Clésio. Diante de milhões de pessoas que assistiam ao depoimento ao vivo, em transmissão de rádio, TV e internet, Paz afirmou que Clésio fora responsável por dar uma "injeção de credibilidade" na SMP&B.

* * *

Depois de quase vinte anos de labuta (primeiro como bancário do estado e depois como consultor financeiro independente), Marcos Valério finalmente se tornara empresário. Empresário não. Publicitário.

Valério entrou pela primeira vez na SMP&B em julho de 1996. De cara, a turma da agência notou que o novo diretor era bem mais tosco que Paz e Hollerbach, seus novos sócios. Valério se vestia mal, andava desengonçado e definitivamente não tinha o refinamento dos publicitários. A calvície acentuada a fazer par com uma cabeça desproporcionalmente grande também comprometia a composição. "Melhor seria se ele raspasse a cabeça de vez", comentou um diretor de arte.

Marcos Valério, porém, chegou com plenos poderes para comandar as áreas administrativa e financeira da agência. Além de sócio, era também o representante de Clésio Andrade, o principal cotista da empresa. Nos dois anos em que figurou como sócio da SMP&B, Clésio foi uma única vez à agência. Nem por telefone ele gostava de falar com Paz e Hollerbach. Se precisavam de Clésio, ou ele precisava da agência, Marcos Valério ia ao seu encontro. Assim, quando entrou na SMP&B, Valério era na verdade dois.

O novo diretor não se intimidou com o fato de que Paz e Hollerbach tinham, respectivamente, 13 e 9 anos de empresa. Praticamente ignorando os dois sócios, logo após sua chegada, Marcos Valério iniciou uma longa e penosa série de demissões, finalizada com o abrupto fechamento da filial da SMP&B em São Paulo. O empresário estreante também aproveitou todas as brechas na legislação para lavar os pecados na agência. Conforme ficara previsto nas negociações com Clésio, Valério abriu uma nova empresa, a SMP&B Comunicação, que funcionava de forma paralela à SMP&B Publicidade. Esta, por sua vez, teve sua sede legalmente transferida para o interior de Minas (primeiro Igarapé e depois Catas Altas) e depois retornou para Belo Horizonte. Na volta à capital, a SMP&B Publicidade foi virtualmente depositada numa sala localizada num ponto decadente da avenida Amazonas. Por fim, a velha SMP&B teve seu nome mudado para Solimões Publicidade e foi encostada no programa do governo federal que renegocia dívidas fiscais, o Refis. (No futuro, Marcos Valério viraria especialista em montar e desmontar empresas. Faria isso com pelo menos uma dúzia e meia delas.)

No final da operação, com o nome novo, *ma non troppo*, a SMP&B estava menor, enxuta e, mais importante, saneada. O negócio deu tão certo que, em pouco tempo, novamente com a ajuda de Marcos Valério, Clésio compraria parte da DNA Propaganda, a principal concorrente da SMP&B em Minas. Com isso, Valério passaria a ter um pé nas duas maiores agências publicitárias do estado, que seriam depois transformadas em caixa dois do PSDB mineiro.

O presidente da CNT se empolgou de tal maneira com o jeito de Valério fazer negócio que o convidou posteriormente para ser sócio numa indústria de artigos de borracha, num jornal de interior e em duas empresas de TV a cabo. As iniciativas tiveram fins melancólicos, mas serviram aos propósitos de seus donos.

* * *

Na mesma época em que ingressava na SMP&B, Marcos Valério solicitou à PUC de Minas, de quem era aluno matriculado havia dezessete anos, alguns benefícios para que pudesse prosseguir na sua luta pelo diploma universitário. Argumentou, por escrito, que estava mudando de emprego, o que lhe daria mais tempo para estudar. A tentativa de Valério era sincera, mas em breve a SMP&B lhe sugaria mais tempo que todas as atividades que tivera até então. A PUC bem que concedeu uma nova chance ao seu aluno, mas, como das vezes anteriores, ele não apareceu nas aulas. Em 1998, quando estrearia como operador de caixa dois, na campanha eleitoral do PSDB, Marcos Valério desistiria de vez do curso. Era hora de começar a ganhar dinheiro.

* * *

Se as relações da SMP&B com o PSDB eram historicamente boas, tornaram-se excelentes a partir da chegada de Clésio e Marcos Valério à agência. Na gestão do governador Eduardo Azeredo (1995-98), além de conseguir o empréstimo "de pai para filho" com o Credireal, a SMP&B se firmou de vez como agência de propaganda do Palácio da Liberdade, a sede do Executivo mineiro. Com a melhor conta publicitária de Minas já garantida, a agência atravessou as fronteiras do estado e ganhou o país.

No primeiro mandato do presidente Fernando Henrique Cardoso (1995-98), a SMP&B e a DNA ganharam, na órbita federal, duas contas de primeira linha: Banco do Brasil e Fundacentro (fundação ligada ao Ministério do Trabalho que atua na área de segurança e medicina do trabalho). Esta última conta era uma maravilha. Vigorou entre 1997 e 1999 e gerou para a agência um faturamento de 25 milhões de reais. Num único serviço para a Fundacentro, a divulgação do 15º Congresso Mundial de Segurança, a SMP&B produziu 6 milhões de folhetos e outras peças gráficas. Curioso era que o evento se restringia a um público de apenas 3 mil pessoas. Mais curiosa ainda era a origem do diretor financeiro da Fundacentro e um dos responsáveis pela produção do material, Marco Antonio Seabra de Abreu Rocha. Ele era funcionário do governo de Minas cedido à fundação.

(Anos depois, o Ministério Público Federal apontaria uma série de desvios no contrato da Fundacentro com a SMP&B. A lista é grande: problemas na licitação, pagamento de honorários indevidos, serviços pagos e não realizados e superfaturamento. Pelos cálculos dos procuradores responsáveis pela ação, o prejuízo aos cofres públicos alcançaria 5,7 milhões de reais. Os acusados, entre eles Marco Antonio Seabra de Abreu Rocha, negam qualquer irregularidade. Até a conclusão deste livro, a ação não havia sido julgada.)

Com o dinheiro entrando pela janela, a SMP&B saiu do limbo e ganhou o nirvana. Seus sócios, idem. Os sinais da rápida ascensão estavam por todos os lados. Marcos Valério aposentou os ternos malajambrados e passou a vestir roupas de grife. Em pouco tempo, se tornaria um dos melhores clientes do estilista Ricardo Almeida, "o preferido de dez entre dez homens famosos, modernos e chiques", segundo a propaganda do próprio. Valério, Cristiano Paz e Ramon Hollerbach começaram a trocar de carro como quem compra sapatos (no caso de Paz, ainda havia as motos de *trail*). A trinca fez do restaurante Monti Cielo, na Savassi, seu ponto de encontro na hora do almoço. Viagens a Las Vegas no fim do ano, compra de imóveis e aquisição de fazendas passaram a ser atividades cotidianas dos donos da SMP&B.

Valério tinha um relacionamento cordial com Paz e Hollerbach, mas eles não eram exatamente da mesma turma. Dentro da SMP&B, o empresário se ligou mais ao advogado Rogério Tolentino, que prestava serviços à agência desde 1987. Bem articulado no mundo jurídico, Tolentino jogava em várias posições. Advogava nas áreas comercial, civil, empresarial e de família. Também era um *expert* em assuntos fiscais, o que logo chamou a atenção de Marcos Valério. *Telinho*, como era conhecido entre amigos, tinha passado pelo Tribunal de Justiça Desportiva de Minas, fora assessor do Tribunal de Justiça do Estado e integrara o Conselho de Contribuintes, o tribunal administrativo que julga as questões de impostos estaduais. Era bom no que fazia, mas ainda não o suficiente para ficar rico com a profissão.

Assim que Valério pôs os pés na agência, Tolentino virou sua sombra. Onde estava um, também estava o outro, e se não estava era porque chegaria em breve. Em poucos anos, Valério faria de Tolentino o advogado de todas as suas empresas. Mais adiante, virariam sócios numa empresa de consultoria, a Tolentino & Melo Assessoria Empresarial. Outro que se ligou a Marcos Valério e Tolentino foi o contador Marco Aurélio Prata, que prestava serviços à SMP&B. Mago dos números com queda acentuada para a prestigiditação, Prata acochambrava, dentro das normas contábeis, toda a criatividade de Marcos Valério. E, quando o assunto fugia da contabilidade e caía na esfera de secos e molhados, Prata acionava seu irmão, o ex-policial Marco Túlio Prata, dedicado colecionador de armas, granadas e silenciadores.

Com a mesma desenvoltura com que circulava no andar de baixo, Valério passou a freqüentar as altas rodas políticas e empresariais de Minas, sendo introduzido numa rede poderosa e bem articulada. Levado pelo influente Clésio Andrade, Marcos Valério conheceu e se fez íntimo da quadra de ouro do Executivo mineiro: o governador Eduardo Azeredo, o vice-governador Walfrido dos Mares Guia, o secretário de Fazenda de Minas, João Heraldo Lima, e o secretário de Administração, Cláudio Mourão. Por intermédio de Cristiano Paz, Valério se aproximou e criou amizade com Pimenta da Veiga, coordenador político do governo FHC e ministro das Comunicações a partir de 1999. Em função da proximidade com o tucanato mineiro, o empresário também estabeleceu uma parceria rica e um afeto genuíno pelo vice-presidente do Banco Rural, José Augusto Dumont.

Nada faltava a Marcos Valério. Escorado na elite político-econômica de Minas e irrigado com as gordas contas publicitárias do estado e do governo federal, o empresário era um homem bem-sucedido. Podia ficar melhor? Claro que sim. No início de 1998, menos de dois anos após assumir a SMP&B, Clésio Andrade finalmente revelou o que havia por trás do seu interesse pelo mundo da propaganda. Anunciou que daria um tempo nos negócios para se candidatar ao cargo de vice-governador na chapa de Eduardo Azeredo, que naquele ano tentava a reeleição. Melhor para Valério não podia ficar. Pelo menos por enquanto.

* * *

Se a entrada na SMP&B significara o primeiro grande salto de Marcos Valério, a campanha eleitoral de 1998 representou o segundo. E com vantagens. Logo de início, Valério praticamente ganhou de presente mais uma fatia das duas empresas líderes do mercado publicitário de Minas. Como a posição de sócio das agências que atendiam o governo Azeredo era incompatível com a de candidato a vice na chapa de reeleição do mesmo Azeredo, Clésio Andrade deixou a SMP&B e a DNA, em julho de 1998. Assim, num átimo, as cotas de Valério na SMP&B saltaram de 10% para 33%, e na DNA, de zero para 16%.

Além de mais rico e mais poderoso, Marcos Valério também ficou numa posição estratégica. As agências de que era sócio já atendiam as principais contas do governo estadual e importantes contas no setor público federal, ambos controlados pelo PSDB. Se Clésio Andrade fosse eleito vice-governador de Azeredo, a relação de Valério com os tucanos só tinha a melhorar.

Marcos Valério era o homem certo, no lugar certo, na hora certa. Sua parceria com o PSDB tinha tudo para lhe render muito dinheiro. O projeto do partido no âmbito nacional era ficar vinte anos no poder, conforme confessara o homem forte do governo FHC, o ministro das Comunicações, Sérgio Motta. O plano era ousado mas tinha lastro. Em 1998, Fernando Henrique iniciava a campanha pela reeleição sabendo que a disputa estava praticamente ganha. Em Minas, também no páreo da reeleição, Azeredo tinha a seu favor a boa onda de FHC e a poderosa máquina do estado. E, como se ainda fosse pouco para Marcos Valério, a reserva técnica do tucanato também se encontrava nas Gerais. Bem mais novo que os três principais caciques do PSDB — Fernando Henrique (67 anos), José Serra (56) e Tasso Jereissati (50) —, o deputado federal Aécio Neves (38 anos) disputava o quarto mandato, certo da vitória. E tendo como meta, cada dia mais palpável, repetir

O OPERADOR

a saga de seu avô Tancredo, elegendo-se governador de Minas e, depois, presidente da República.

Precisar não precisava, mas Marcos Valério fez questão de explicitar de que lado estava. Por intermédio da SMP&B, doou 50 mil reais (no caixa dois, *por supuesto*) para a campanha de FHC. A aposta estava feita.

* * *

Bem cotado no mercado do voto, o PSDB mineiro sabia de duas coisas: queria bancar uma campanha de primeira linha para Azeredo e teria dinheiro para fazê-lo. O principal concorrente do governador era o ex-presidente Itamar Franco, que fazia uma trajetória política em marcha a ré. Itamar era um candidato forte, hábil, e qualquer descuido de Azeredo poderia levar a uma derrota. Os tucanos, contudo, eram previdentes. Desde o ano anterior, o Palácio da Liberdade vinha aumentando sua verba publicitária de forma considerável. O orçamento para propaganda direta do governo de Minas havia quase dobrado em dois anos. Pulara de 30 milhões de reais, em 1996, para 57 milhões de reais em 1997 e 51 milhões de reais em 1998. Na administração indireta, havia casos de aumento de até 176% na verba publicitária. A maior parte desse bolo era administrada pela Secretaria de Comunicação do goveno de Minas (Secom). Seu titular, Álvaro Brandão Azeredo, vinha a ser o irmão do governador.

Os 50 mil reais doados por Marcos Valério à campanha de FHC eram troco perto do que o "publicitário" ganharia naquele ano. Ganharia, aliás, duplamente. Grande parte do dinheiro farto que saía dos cofres da Secom entrava nos da SMP&B e DNA. Além dos recursos provenientes das contas do governo e das autarquias de Minas, havia ainda uma montanha de dinheiro no comitê do PSDB, onde Marcos Valério era presença constante.

Azeredo optou por permanecer no cargo de governador durante a campanha à reeleição. O controle financeiro da máquina eleitoral tucana foi entregue ao vice-governador, Walfrido dos Mares Guia, e ao secretário de administração, Cláudio Mourão. O primeiro foi alçado à condição de coordenador informal da campanha do PSDB mineiro, e o segundo, à de tesoureiro de campanha. Ambos teriam Marcos Valério como um fiel ajudante.

Mares Guia era um empresário brilhante, milionário e um estrategista político raro. Como tal, preferia não aparecer. O coordenador oficial da campanha tucana era Carlos Elói Guimarães, mas quem mandava de fato era Mares Guia. Dono de uma letrinha miúda, Mares Guia certo dia pegou uma folha de papel, escreveu no alto do canto esquerdo "fluxo cx." e desandou a listar a previsão de despesas da campanha. Ao lado do item "boca de urna" colocou 200 mil reais. Para as pesquisas eleitorais, escreveu 500 mil reais, e assim foi. Quando terminou, os números somavam 20 milhões de reais (primeiro turno) com a possibilidade de um acréscimo de 3,9 milhões de reais (segundo turno). Ou seja, pelos cálculos de Mares Guia, se a campanha tivesse dois turnos (como teve), o PSDB precisaria de 24 milhões de reais.

Mares Guia também foi o responsável por negociar com o publicitário da campanha. Para tocar a propaganda de Azeredo, os tucanos mineiros queriam nada menos que Duda Mendonça, o maior especialista do país em marketing eleitoral (pelo menos era assim que ele se apresentava). Soteropolitano, ex-corretor de imóveis, 53 anos, José Eduardo Cavalcanti de Mendonça fazia a propaganda de algumas das maiores empresas do país, mas sua paixão mesmo era o marketing político. Nesse ramo da publicidade, ele ajudara a eleger 28 candidatos a prefeito e governador (de esquerda, de centro e de direita). Era disputado a tapa na época de campanha eleitoral. "Talvez não haja nenhum prêmio no mundo da propaganda que eu não tenha conseguido ganhar", dizia, sem um pingo de modéstia. Em jogo de bola de gude, par-ou-ímpar, rinha de galo e eleição, Duda dizia: "Eu gosto mesmo é de ganhar." Quando tinha dinheiro envolvido então, vixe!

O publicitário não tinha preferência ideológica. Cliente era cliente. Em 1986, na eleição para governador de Alagoas, Duda criara a marca que se tornaria símbolo de Fernando Collor (duas letras "l", uma verde e outra amarela). Noutra disputa, dessa vez em São Paulo, transformara em slogan de campanha um ditado negativo que havia colado em um de seus clientes. Assim, o "rouba mas faz" virou "foi Maluf que fez". Após amenizar a imagem de político corrupto que perseguia Maluf, o publicitário conseguiu elegê-lo prefeito de São Paulo em 1992. E, no pleito seguinte, fez a campanha vitoriosa do desconhecido Celso Pitta, uma invenção tirada da costela de Maluf e da cabeça de Duda.

O publicitário era bom e era caro. Quatro meses antes do primeiro turno, a sócia de Duda, Zilmar Fernandes, enviou uma minuta de contrato para Mares Guia. A proposta previa um pacote completo para as campanhas de governador e senador da chapa encabeçada pelo PSDB. Duda se responsabilizaria pessoalmente pela coordenação da criação, direção e estratégia de campanha. Forneceria marca e slogan e produziria as fotos dos candidatos e o lay-out de outdoors, anúncios, cartazes, santinhos, adesivos para automóveis, camisetas, viseiras, bandeiras, banners. O principal serviço de Duda, contudo, era criar e produzir toda a campanha de rádio e televisão veiculada no horário eleitoral gratuito. O comitê político não precisava se preocupar com nada. Duda fornecia equipamento, estúdio, equipe de produção, apresentadores e locutores. Até a casa que abrigaria isso tudo era ele quem alugava. Preço final: 4,5 milhões de reais (sinal de 450 mil reais, mais seis parcelas quinzenais de 675 mil reais).

Duda Mendonça cobrava uma fortuna, mas não fazia a menor questão que o candidato a declarasse na prestação de contas do Tribunal Regional Eleitoral. Afinal, já que boa parte do dinheiro das campanhas entrava no caixa dois, a saída também tinha de ser escamoteada. Na minuta enviada a Mares Guia, a sócia do publicitário deixou claro que no contrato oficial poderia constar uma quantia bem mais baixa. "Nossa sugestão para o valor do contrato é entre R$ 500 e R$ 700 mil", escreveu Zilmar. Tudo certo, sem problema: o comitê de Azeredo/Clésio pagaria os 4,5 milhões de reais a Duda, mas declararia somente 700 mil reais ao TRE.

Feitas as tratativas, era hora de arranjar um caminhão de dinheiro para Duda Mendonça. Era hora de acionar Marcos Valério.

Um mês após deixar a SMP&B e a DNA, Clésio Andrade mandou avisar Valério que o tesoureiro da campanha iria procurá-lo. Cláudio Mourão já tinha deixado a Secretaria Estadual de Administração para assumir o setor financeiro do comitê. Levara junto uma de suas funcionárias de confiança, uma morena com cara de brava chamada Simone Vasconcelos. Na conversa com Marcos Valério, o tesoureiro explicou de que forma o empresário poderia trabalhar na campanha. Mourão não pediu a Valério que fizesse propaganda. Para isso Azeredo e Clésio tinham Duda. O que a campanha tucana precisava era de alguém que fizesse aparecer e desaparecer dinheiro, tudo com muita discrição e zelo. Marcos Valério já mostrara que tinha domínio de muitos e versáteis códigos financeiros, fiscais e contábeis. Mais importante: revelara que sabia trafegar no mundo cão e que era homem de confiança. Por tudo isso, ele fora o escolhido para operar o caixa dois da campanha do PSDB. O único risco que havia era perder a eleição, mas

O OPERADOR

ainda sim Valério não deixaria de ser recompensado. E, em caso de vitória, o limite seria o céu.

Ele topou.

* * *

Na sua estréia como operador, Marcos Valério — 37 anos recém-completados — precisou provar que aceitava correr riscos. Sua primeira tarefa consistia em ceder o nome da DNA — e, por conseguinte, o seu, o de Cristiano Paz e o de Ramon Hollerbach — para transações financeiras nada ortodoxas. A DNA figuraria como "laranja" em empréstimos tomados no Banco Rural. Valério e seus sócios assinariam as promissórias, pegariam o dinheiro e repassariam para as campanhas de Azeredo/Clésio e dos candidatos a senador, deputado federal e deputado estadual da coligação PSDB-PFL-PTB-PPB. Marcos Valério não precisaria pagar o empréstimo, obviamente. Isso seria acertado de outra maneira, entre o PSDB e o banco, por meio de operadores que trafegavam numa faixa mais alta que a dele.

Quando Valério pisou no Banco Rural pela primeira vez, em agosto de 1998, estava repetindo gesto feito por Paulo César Farias oito anos antes. Fernando Collor já ocupava o Palácio do Planalto, no início de 1990, quando PC Farias procurou o fundador e acionista-controlador do Rural, Sabino Rabello. Além do Rural, Sabino era dono da Tratex, empreiteira conhecida pelas grandes obras que realizava e pelos enormes escândalos que produzia. Paulo César pediu dinheiro a Sabino para supostamente financiar a aventura de Collor (este era outro que queria que sua turma ficasse vinte anos no poder). Por meio da Tratex, o banqueiro deu dinheiro a PC. A atitude seria justificada mais tarde por Sabino com uma frase banhada em sinceridade e pragmatismo: "[Paulo César] Estava precisando de recursos para liquidar dívidas. A proposta, levada à diretoria [da Tratex], foi aceita pelo interesse da empresa em manter um bom relacionamento com o governo, diga-se de passagem, recém-empossado." O tesoureiro corrupto de Collor também recorreu ao Rural quando precisou abrir contas bancárias em nomes de pessoas que não existiam ou estavam mortas. As contas de PC no Rural movimentaram milhões, até que um dia o esquema ruiu, levando Collor a perder o cargo e Paulo César a ser preso. O Rural e a Tratex nada sofreram.

O Rural era um banco mineiro — nas duas acepções da palavra. Apesar de ter pouco mais de cem agências e uma publicidade discretíssima, fazia parte do grupo das dez maiores instituições financeiras privadas nacionais. Tinha dois fortes: a oferta de crédito para pequenas e médias empresas (um nicho de mercado excelente) e as operações no exterior (uma mina de ouro). Um dos lemas do Rural era: "oferecer suporte operacional e financeiro além das fronteiras do país". No exterior, o Rural operava por meio de seis empresas próprias: em Miami (Rural International) e nos paraísos fiscais das Bahamas (Rural International Bank e Rural Securities International), da Ilha da Madeira (Banco Rural Europa e Serra Dourada) e do Uruguai (IFE). Fora seu próprio esquema, o Rural contava com uma rede de parceiros no exterior formada por 190 bancos.

O banco era freguês do Ministério Público e da Polícia Federal. Para alguns delegados e procuradores, o Rural era, na verdade, uma grande lavanderia de dinheiro e escoadouro de riquezas nacionais, coisa que os controladores da instituição sempre rechaçaram de forma veemente. Diretores e gerentes da instituição já haviam sido formalmente acusados na Justiça por suposta remessa ilegal de centenas de milhões de reais para o exterior. Segundo denúncia do Ministério

Público Federal, o Rural usaria "laranjas" no Brasil e seus longos braços além-fronteiras para movimentar dinheiro sujo. Um dos tentáculos seria a *offshore* Trade Link Bank, sediada nas Ilhas Cayman, paraíso fiscal do Caribe. Livre e desimpedida das amarras da fiscalização, a Trade Link Bank era uma empresa que vivia de emprestar (ou melhor, alugar) seu nome para transações financeiras de terceiros. PC Farias fora um dos que utilizaram sua fachada legal para remeter 2,6 milhões de dólares para a Suíça. Havia centenas de outros casos. Apenas entre 1996 e 1998, a *offshore* movimentou 698 milhões de dólares, pertencentes a brasileiros, na conta número 560-1 da agência do Banestado em Nova York.

Para alguns investigadores da PF, o Rural e a Trade Link Bank eram uma coisa só. O banco sempre negou. Admitia, porém, que alguns de seus diretores já tinham ocupado postos na *offshore*. De fato, a relação do Rural com a Trade Link Bank era estreita. Quatro meses antes de Marcos Valério visitar o banco pela primeira vez, a sede do Rural — localizada no Edifício Tratex, na rua Rio de Janeiro número 927, em Belo Horizonte — serviu de palco para uma reunião da cúpula da Trade Link Bank. Ao final dos trabalhos, a ata foi assinada pelos presentes, entre eles Sabino Rabello. Havia outros indícios de ligação entre o Rural e a Trade Link Bank. Um deles era o fato de que os escritórios das duas instituições em Miami funcionavam no mesmo andar de um prédio de luxo, o Wachovia Financial Center.

Em 1998, o Rural estava tão ou mais atento que Marcos Valério aos movimentos da política. Só que seu cacife era maior. A direção do banco, sobretudo o vice-presidente, José Augusto Dumont, tinha trânsito privilegiado entre os tucanos. Principal executivo do Rural, com queda por operações financeiras tarja preta, Dumont era uma simpatia. Todos gostavam dele. Nos últimos tempos, o banqueiro tinha desenvolvido uma relação especialmente boa com o secretário de Fazenda de Minas, João Heraldo Lima. Mares Guia, o dublê de vice-governador e coordenador informal da campanha de Azeredo à reeleição, era outro que se dava bem com ele. Como diria Sabino Rabello, "manter um bom relacionamento com o governo" sempre ajuda.

Na eleição de 1998, assim como Marcos Valério, o Rural também usou do dinheiro para expressar de que lado estava. Ao contrário do "publicitário", no entanto, o banco usou as vias legais. O Rural doou 300 mil reais para a campanha de Azeredo. Foi uma maravilha, mas pouco comparado com o montante que a campanha precisava. Daí a necessidade que os tucanos tinham de mandar Marcos Valério tomar os "empréstimos" no banco.

Valério foi ao Rural com a cara, a coragem e as credenciais do PSDB. O banco o recebeu de braços abertos. O primeiro empréstimo foi de 2 milhões de reais. Marcos Valério e sua trupe assinaram os papéis, mas foi o tesoureiro da campanha de Azeredo quem buscou o dinheiro na agência do Rural, entregue numa caixa de papelão. O negócio correu tão bem que, dias depois, Marcos Valério foi acionado para uma nova operação. No dia 19 de agosto, a DNA tomou um empréstimo de 9 milhões de reais no Rural. O prazo de vencimento era sessenta dias. A garantia do pagamento eram os créditos que a DNA tinha a receber do governo de Minas. Tirando a taxa de juros indecente, o banco foi ultracamarada na concessão do empréstimo. Primeiro porque a DNA não tinha lastro patrimonial e financeiro para contrair uma dívida tão alta e com um prazo de pagamento tão curto. Segundo porque a garantia oferecida pela agência era de uma fragilidade gritante. Caso Azeredo perdesse a eleição e seu sucessor decidisse trocar a agência publicitária do governo, o penhor da DNA iria para as cucuias.

O OPERADOR

Se a agência não tinha bala na agulha para contrair empréstimo tão gordo, que dirá então seus sócios. O banco, entretanto, estava tranqüilo. Valério, mais ainda. Fiando-se na palavra de Cláudio Mourão de que a DNA não teria de pagar nenhum tostão do empréstimo e acreditando que Azeredo sabia de tudo, o empresário assinou o contrato 6.2241.4 do Rural junto com uma nota promissória. Restava apenas acreditar que tudo daria certo — e continuar jogando o jogo.

* * *

E o jogo continuou.

Menos de uma semana após a liberação do empréstimo para a DNA, foi a vez de a SMP&B se envolver num negócio obscuro. Todo ano, a agência promovia o Enduro da Independência, uma prova de *motocross* em que os competidores saíam do Rio, passavam pelos caminhos tortuosos da antiga Estrada Real até chegar a Belo Horizonte. Na edição da prova em 1998, véspera da eleição, a SMP&B contou com uma bela ajuda do Palácio da Liberdade. A Secretaria de Comunicação do governo mineiro enviou uma carta à Companhia de Saneamento de Minas Gerais (Copasa) e à Companhia de Mineração de Minas Gerais (Comig) — duas empresas que pertencem ao Estado — "recomendando" que elas patrocinassem o Enduro da Independência. O argumento utilizado foi que o evento iria "incrementar o turismo" em Minas.

Ordem da Secom, comandada pelo irmão do governador-candidato, era ordem para ser cumprida. A Copasa e a Comig liberaram, cada uma, 1,5 milhão de reais para a corrida de motos mais cara de que se tem notícia pelos lados de Minas. O dinheiro da Copasa foi repassado à SMP&B quando faltavam 41 dias para a realização do primeiro turno da eleição. O da Comig foi pago em duas parcelas: 1 milhão de reais no dia 25 de agosto (quarenta dias antes da eleição) e os 500 mil reais restantes em 4 de setembro (a trinta dias do pleito). Marcos Valério em pessoa firmou os recibos, com sua assinatura em forma de espiral.

(Anos mais tarde, o Ministério Público investigou o caso e considerou que o patrocínio ao evento havia sido um mero artifício para desviar o dinheiro público da Comig e da Copasa para a campanha eleitoral de Azeredo. Procuradores responsáveis pelo inquérito calcularam que o Estado tivera um prejuízo de 12 milhões de reais, em valores atualizados em 2005. Azeredo, Marcos Valério e outros foram formalmente acusados e, até a conclusão deste livro, respondiam a processo no Supremo Tribunal Federal.)

Durante a campanha de reeleição de Azeredo, o governo mineiro e seus tentáculos fizeram outros movimentos tão estranhos quanto o do milionário patrocínio ao Enduro da Independência. Entre o primeiro e o segundo turnos, a Companhia Energética de Minas Gerais (Cemig) pagou 1,7 milhão de reais à SMP&B pela produção de revistas, cartazes e folhetos destinados a uma campanha sobre uso eficiente de energia. Segundo a prestação de contas, o material teria sido rodado na recém-criada Graffar Editora Gráfica. A empresa tinha problemas. Seus donos formais eram "laranjas". E seu proprietário oculto, Cleiton Melo de Almeida, era amigo de Cláudio Mourão, o tesoureiro da campanha de Azeredo.

Marcos Valério, Azeredo, Cláudio Mourão e companhia sempre reprocharam as acusações referentes aos episódios do Enduro da Independência e da Cemig. Quando questionados, negaram que o dinheiro recebido pela SMP&B nos dois contratos (4,7 milhões de reais) tivesse sido desviado para a campanha tucana de 1998. Segundo eles, os negócios haviam seguido os trâmites da lei.

Só há uma certeza: na campanha de Azeredo em 1998, o dinheiro jorrou. Sobretudo por meio das contas bancárias das empresas de Marcos Valério. Foi o empresário quem pagou, por baixo dos panos, os 4,5 milhões de reais cobrados por Duda Mendonça. Também foi Valério, por meio da SMP&B, quem transferiu 1,1 milhão de reais do PSDB para 75 pessoas ligadas à chapa encabeçada pelo partido. Concretizado no dia 22 de outubro, o repasse aconteceu 24 horas depois de a SMP&B ter recebido 1,6 milhão de reais da Cemig pela produção de material gráfico. (O fato foi classificado como "coincidência" pelos envolvidos no episódio.) Só a candidata Júnia Marise, que concorria ao Senado, recebeu 200 mil reais.

Ao final da disputa, Azeredo declarou ter gastado 8,5 milhões de reais, o valor mais alto apresentado entre todos os candidatos a governo de Estado, inclusive o tucano Mário Covas, que concorria em São Paulo. Os 8,5 milhões de reais, no entanto, eram uma farsa. Na verdade, a campanha de Azeredo arrecadara 20 milhões de reais, conforme confessaria o tesoureiro do candidato mais tarde. O mesmo Cláudio Mourão ainda deixaria sua assinatura num documento — reconhecida em cartório — em que afirmava que a campanha recolhera não 20 milhões de reais e sim mais de 100 milhões de reais (incluindo aí os 3 milhões de reais do Enduro da Independência e o 1,6 milhão de reais das peças gráficas da Cemig). Confrontado com o documento em meados de 2005, Mourão reconheceria sua assinatura, mas negaria ter redigido a declaração. Azeredo diria que só tivera conhecimento dos gastos declarados à Justiça.

* * *

Eduardo Azeredo teve a campanha mais cara do país em 1998, pelos dados oficiais. Contou ainda com um reforço, no caixa dois, de pelo menos 11,5 milhões de reais. Teve também a máquina estatal de Minas nas mãos e o apoio do Palácio do Planalto. Mesmo assim Azeredo perdeu. No segundo turno, deu Itamar Franco.

A derrota do PSDB em Minas foi barulhenta, mas o sucesso do esquema de financiamento de campanha dos tucanos foi silencioso. Mesmo tendo apostado todas as suas fichas na dupla Azeredo/Clésio, ao invés de perder, Marcos Valério ganhou. Com a assunção de Itamar, a SMP&B e a DNA deixaram de ser as agências do governo de Minas, mas foram recompensadas com duas contas substanciosas no governo FHC (este, sim, conseguiu se reeleger). Além do Banco do Brasil e da Fundacentro, a partir de 2001 as empresas de Valério passaram a atender o Ministério do Trabalho, o Ministério dos Esportes e a Eletronorte. As agências também foram contratadas por prefeituras de Minas administradas pelo PSDB e seus aliados (Contagem, Betim, Juiz de Fora, Governador Valadares e outras) e pelo governo de Goiás, do tucano Marconi Perillo.

O dinheiro entrava por um lado e, onde deveria sair, não saía. O combinado era Marcos Valério não pagar o empréstimo de 9 milhões de reais tomados pela DNA no Rural, e, sendo assim, ele não pagou. Na data prevista para a quitação do débito (19 de outubro de 1998), Valério e seus sócios se fingiram de mortos. O Rural, por sua vez, também não se estressou. O empréstimo foi prorrogado pelo banco em 1998 (uma vez) e em 1999 (duas vezes). Quando a dívida ultrapassava os 11 milhões de reais, a DNA resolveu fazer uma amortização, mas de apenas 2,86 milhões de reais. O Rural novamente deixou barato.

Somente em dezembro de 2000, o banco entrou com uma ação de cobrança na Justiça, que correu sem maiores sustos até 2003. Na oca-

O OPERADOR

sião, o débito alcançava 13,9 milhões de reais. Foi quando Rural e DNA negociaram um acordo: a agência pagava ao banco 2 milhões de reais em dinheiro, comprometia-se a quitar o restante com serviços e não se falava mais nisso.

E não se falou mesmo. Num mercado publicitário em que tudo se sabia, ninguém ouviu falar daquela operação da DNA, que começou com uma dívida de 9 milhões de reais, chegou a 13,9 milhões de reais e, cinco anos depois, foi quitada com módicos 2 milhões de reais, equivalentes a 14% do valor devido. Rural e DNA jurariam para sempre que o restante da dívida fora pago pela agência com três anos de prestação de serviços, incluindo gastos com veiculação de anúncios. Ainda assim, o banco e a agência não conseguiriam dissipar a suspeita de que o empréstimo fora apenas uma farsa contábil para lavar parte do caixa dois da campanha do PSDB mineiro.

De fato, uma coisa era curiosa: a transação não deixou traumas em nenhum dos envolvidos. Pelo contrário. As relações entre o Rural, os tucanos mineiros e Marcos Valério não só continuaram boas como melhoraram.

Após a fracassada campanha de 1998, João Heraldo Lima — secretário de Fazenda de Minas e até então homem de ouro dos tucanos mineiros na área financeira — foi convidado pelo Rural para assumir uma diretoria do banco. Marcos Valério, por sua vez, também não ficaria com a imagem manchada no Rural. No futuro, o empresário tomaria mais empréstimos obscuros no banco e seria aceito como avalista em outros tantos. As portas da instituição estariam sempre abertas para Valério. O empresário chegaria inclusive a atuar como operador do Rural — ou "facilitador", como preferia o banco —, servindo de leva-e-traz no território das grandes negociações em Brasília.

Com o tempo, Valério conseguiria recuperar o terreno perdido no mercado publicitário mineiro após a derrota de Azeredo. Na eleição de 2002, o tucano Aécio Neves seria eleito governador de Minas — tendo Clésio Andrade como vice —, e novamente as agências de Marcos Valério ganhariam as concorrências para atender as contas do Palácio da Liberdade.

O Rural, por sua vez, permaneceria com lugar cativo no coração tucano. Na cerimônia dos quarenta anos do banco, em outubro de 2004, o governador Aécio Neves, convidado de honra da festa, faria um discurso dizendo que Minas devia uma palavra de agradecimento ao Rural. "O Banco Rural é um orgulho dos mineiros", afirmaria o governador.

Quem também se deu bem foi a administradora de empresas Simone Vasconcelos, que trabalhara no governo de Minas e, depois, na campanha de Azeredo. Por indicação do tesoureiro do PSDB, Simone largou um emprego estável de quinze anos na Secretaria Estadual de Administração, que conquistara em concurso público, para trabalhar com Marcos Valério na SMP&B. No prazo de cinco anos, Simone seria peça fundamental de novas operações do empresário.

Outro que viu sua vida mudar foi Rogério Tolentino, advogado das empresas de Marcos Valério e braço direito do empresário. Dois meses antes da eleição de 1998, Tolentino foi guindado à condição de juiz do Tribunal Regional Eleitoral de Minas. Uma de suas primeiras missões no TRE foi julgar processos em que o governo de Azeredo era acusado de usar a publicidade do estado para fazer propaganda eleitoral mascarada. Tolentino considerou tudo muito normal. "Não vislumbro nas peças publicitárias mencionadas nenhuma tentativa de burlar a legislação eleitoral, com a chamada propaganda eleitoral indireta", escreveu o advogado, que até poucos meses antes atuava em favor da

SMP&B, a agência preferida do governo de Minas. Em outro arrazoado, Tolentino atestou o cunho meramente institucional da propaganda do governo Azeredo, que, segundo ele, tinha "o sentido de dar à opinião pública notícias sobre atos, programas, obras e serviços da administração, sempre com caráter educativo, informativo ou de orientação social". Por fim, quando Azeredo prestou contas dos gastos de sua campanha, com o fajuto valor de 8,5 milhões de reais, Tolentino aprovou-as, assim como fizeram o restante dos membros do TRE mineiro.

Rogério Tolentino deixou sua cadeira no TRE de Minas em agosto de 2000. Um ano e meio depois, tornou-se sócio de Marcos Valério.

No período que engloba os quatro anos da administração Azeredo (1994-98) e os oito anos do governo FHC (1994-2002), Marcos Valério se tornou um homem rico. Em 1997, seu patrimônio declarado à Receita Federal não ultrapassava 230 mil reais. Cinco anos depois, tinha crescido espantosos 1.600%, alcançando 3,9 milhões de reais. Mas isso não era tudo. No período 2000-02, as empresas de Valério registraram um aumento de 109% nos valores movimentados em bancos (de 331 milhões reais passaram a 692 milhões de reais). As contas bancárias pessoais do empresário e de sua mulher também deram um salto impressionante. De 3,2 milhões de reais movimentados em 2000 passaram a 25,5 milhões de reais em 2002, uma elevação de quase 700%.

Tudo isso se deu na mais absoluta discrição, como é tradição na calmaria dos pântanos de Minas. Em breve, o modelo mineiro de operar campanhas e enriquecer pessoas viraria produto de exportação para o resto do país.

* * *

Nem tudo eram delícias no universo em que Marcos Valério operava. Algumas das transações financeiras do esquema de 1998 deixaram mágoas pelo caminho, que, mal curadas, evoluíram para rancores persistentes e devastadores.

Ao final da campanha, Cláudio Mourão se desentendeu com Eduardo Azeredo. O tesoureiro dizia que não tinha sido ressarcido por gastos que assumira em nome do PSDB. Azeredo, por sua vez, não reconhecia o débito integralmente. O mal-estar durou até setembro de 2002, quando Marcos Valério (sempre ele) deu a Cláudio Mourão um cheque de 700 mil reais do Banco Rural (sempre o banco) para quitar a dívida de Azeredo, que então concorria ao Senado. Por uns tempos, o entrevero esfriou, até que Mourão voltou à carga, exigindo na Justiça mais 3,5 milhões de reais de Azeredo. Do mesmo jeito que começou, a briga foi misteriosamente deixada de lado pelo tesoureiro do PSDB mineiro.

Clésio Andrade foi outro que brigou feio. Pelas suas contas, Valério não lhe pagara tudo o que devia pela cessão das cotas da SMP&B, em 1998. A disputa foi parar na Justiça, com Clésio cobrando 8 milhões de reais de Marcos Valério. Depois de algum tempo, os dois fizeram um acordo, no valor aproximado de 2 milhões de reais.

Não há nenhuma prova de que um caso tenha relação com o outro, mas foi nessa mesma época que, um dia, o muro da casa de Marcos Valério amanheceu crivado de balas de metralhadora. Depois disso, o "publicitário" transferiu suas empresas para o nome da mulher e transformou sua casa numa fortaleza, mandando erguer muros, construir guaritas e instalar câmeras de circuito fechado de vídeo. Também remonta a esse período o interesse do empresário por armas de fogo. A simpatia rendeu a Valério um registro no Sistema Nacional de Armas como possível proprietário de uma carabina em aço inox, calibre 44, modelo Puma, com capacidade para dez tiros. O medo começou a ser uma constante para Marcos Valério. Ele passou a adotar várias rotinas de segurança, como trocar o número do celular com impressionante freqüência. Mais de uma vez, confessaria a pessoas de seu círculo que desconfiava que pudesse morrer cedo. Com o tempo, Valério praticamente abandonaria a casa no bairro Castelo e construiria outra, no exclusivo e vigiado condomínio Retiro do Chalé, em Brumadinho, a quarenta quilômetros de Belo Horizonte. Numa área fechada, cercada de montanhas e mata exuberante, onde as casas se notabilizam pelos muros baixos ou mesmo pela ausência de muros, Marcos Valério construiu outra fortaleza. E tomou cuidado para que o projeto arquitetônico ficasse em segredo. O empresário mandou vir operários de fora do Estado e evitou que eles deixassem seus nomes gravados na portaria do condomínio. Pedreiros, mestres-de-obras e serventes acamparam no terreno de Marcos Valério durante meses, até que a mansão estivesse pronta. Pelo lado de fora, o que se via eram muros de cinco metros de altura, uma guarita com vidro reforçado e um chamativo sistema de segurança monitorado por câmeras de vídeo. Entre as cerca de quinhentas casas do Retiro do Chalé, não há nada parecido.

Obcecado com trabalho e com dinheiro, estressado, com um medo permanente, ansioso e dez quilos mais gordo. Foi dessa forma que Marcos Valério chegou ao fim do seu estágio de ouro como operador do esquema do PSDB mineiro. O excesso de peso seria corrigido — primeiro com um tratamento nutricional e aulas de ginástica, às 6:00 da manhã, e depois com sessões de lipoaspiração. Quanto ao resto, ele chutaria o balde.

Ó MINAS GERAIS...

Em 2002, Marcos Valério partiu para uma nova empreitada, ignorando os muitos sinais que mostravam que ele enveredara por um caminho em que o prêmio era bom, mas o jogo era por demais bruto. Dessa vez as apostas seriam bem maiores. Assim como também seriam os tombos.

CAPÍTULO 3

A água, o cano e o esgoto

Um dos grandes momentos do PT, por confirmar que a trajetória do partido seguia o rumo certo, aconteceu no dia 2 de outubro de 1992, às 10:18 da manhã. Naquele instante, na sala contígua ao gabinete presidencial do Palácio do Planalto, Fernando Collor de Mello olhou seu relógio e, em seguida, assinou um documento. Era um comunicado do Congresso Nacional que informava ao presidente da República que ele deveria deixar o cargo imediatamente para responder a um processo de *impeachment*. Enquanto Collor deixava a história pela porta dos fundos, como sinônimo de governo corrupto, o Partido dos Trabalhadores se firmava como sua antítese, representando a virtude e a ética na política. Se o Brasil não aceitava mais Collor, normal seria, portanto, que em algum momento viesse a colocar o PT no poder. O partido estava preparado para isso.

A história do PT se confundia com a história das lutas sociais no Brasil no final do século 20. Criado de uma costela do movimento sindical, em 1980, quando a ditadura militar já se mostrava sem fôlego, o partido abraçara causas tão importantes quanto simpáticas. Clamava pela redemocratização, pela Anistia, pela justiça social, pelo respeito aos direitos humanos, pelo combate à pobreza, pelo fim do trabalho escravo e por aí seguia. No campo político, depois de um breve flerte com o socialismo e com uma proposta enrustida de ditadura do proletariado, o PT adotara uma postura menos radical. Aceitara a economia de mercado e flexibilizara seus dogmas econômicos, buscando um lugar no espectro político de centro-esquerda.

Isso foi um processo. No meio, correu muita coisa. Em 1989, com apenas nove anos de vida e ainda envolto numa fleuma radical, o partido quase venceu as eleições presidenciais. Ficou no quase por vários motivos. O principal deles, porque a maioria dos eleitores ainda desconfiava das posições ideológicas do PT. Depois, porque a elite econômica se unira para impedir que a Presidência caísse nas mãos de Luiz Inácio Lula da Silva, fundador, líder e símbolo vivo do PT. Nessa época, Lula ainda era visto como cão raivoso pelos conservadores. Melhor para Collor, que em 1989 chegara ao segundo turno com Luiz Inácio.

Pouco conhecido, sem expressão ou consistência política, abancado no PRN, um partido que tirara do sovaco, Collor nadou no dinheiro farto de empresários e banqueiros nacionais e estrangeiros. Aproveitando a oportunidade, PC Farias, o operador de Collor, tratou de armar um sistema de achaques, acordos e parcerias. O esquema funcionou antes, durante e depois da eleição, tendo recolhido, pelos cálculos algo exagerados da Polícia Federal, 1 bilhão de dólares. Serviu para financiar a eleição de Collor e montar uma base no Congresso. Também abastou muita gente, incluindo Paulo César e Fernando Collor.

O governo Collor transpirava corrupção. Corrupção grande, da mesma matriz de corrupção que grassara no governo Sarney e que, de forma mais discreta, grassara também na ditadura militar e bem antes dela. Quando os escândalos de Collor se tornaram o assunto diário no

A ÁGUA, O CANO E O ESGOTO

país, a sociedade (por repulsa) e a elite econômica (por conveniência) decidiram dar um basta em seu governo. Instalou-se então o "movimento pela ética na política", cuja vanguarda cabia ao PT. Deputados federais do partido — como José Dirceu, José Genoino e Aloizio Mercadante — viraram estrelas nacionais, em boa medida por causa de suas exímias atuações em duas comissões parlamentares de inquérito (a CPI do PC e a CPI do Orçamento) instaladas para investigar a corrupção no Executivo e no Legislativo.

Quando, em cadeia nacional de TV, o Brasil assistiu a Collor olhar para o relógio e assinar o documento que oficializava a abertura do processo de *impeachment*, o PT se viu guindado à condição de principal reserva ética na nação, patrimônio moral de um país infestado de corruptos. O partido, óbvio, faturou. Lula costumava dizer que, se o PT conquistasse o poder, a corrupção seria tão drasticamente reduzida que resultaria numa sobra de pelo menos 10% no Orçamento da União. Com promessas assim, aliadas às suas bandeiras históricas, o partido inflamou o eleitorado. A cada eleição, o número de prefeitos e governadores petistas aumentava significativamente. Na Câmara, a bancada do PT passou de 35 para 58 deputados em apenas duas eleições. No Senado, entre 1990 e 1994, o número de cadeiras do partido aumentou de uma para quatro.

A bandeira da ética pública era um patrimônio valioso, mas insuficiente para fazer o PT chegar à Presidência. Mesmo depois do desastre de Collor, o eleitorado preteriu Lula nas duas eleições seguintes (1994 e 1998). Em ambas, o vencedor foi o tucano Fernando Henrique Cardoso, escorado praticamente no mesmo arco de forças que sustentara Collor (PFL, PTB e o PPR de Paulo Maluf). Além da reforçada aliança política, FHC também tivera muito mais dinheiro que Lula.

O OPERADOR

Enquanto o PT declarara ter gastado 14 milhões de reais nas duas campanhas, o PSDB prestara contas de 77 milhões de reais. Noves fora o caixa dois.

Para chegar ao poder na eleição presidencial de 2002 — a quarta de Lula —, o PT estava disposto a mudar radicalmente. A inflexão, na verdade, começara bem antes disso. Em 1995, ao assumir, com o apoio de Lula, a presidência do partido pela primeira vez, o trator José Dirceu começou a implantar transformações profundas no PT. Isolou e/ ou expurgou as esquerdas radicais que se abrigavam na legenda, profissionalizou o que antes era militância pura e traçou uma pouco criteriosa política de alianças para o PT.

Sob a batuta de Lula e com Dirceu no timão, o Partido dos Trabalhadores programou o seu agigantamento. Com 820 mil filiados, o partido tinha estrutura para disputar as eleições em 2.500 cidades. Queria, no entanto, em pouco mais de dois anos, dobrar o número de diretórios municipais, passando a cobrir 100% do território nacional. Depois de crescer, o partido pretendia informatizar-se. A um custo de 21 milhões de reais, o PT planejava implantar uma rede de computadores que interligasse todos os seus diretórios. Assim, os candidatos petistas dos mais longínquos grotões poderiam receber orientações da sede do partido, em São Paulo, para alavancar suas campanhas eleitorais.

Outra ponta do projeto eleitoral de Lula e José Dirceu — talvez a mais importante — era a formação de uma ampla base parlamentar que servisse de pilar para um futuro governo do PT. Não bastava ganhar a eleição, Lula sabia. Era preciso ter maioria no Congresso para governar. Do contrário, o PT passaria quatro anos no Palácio do Planalto como refém de seus adversários na Câmara e no Senado.

Nas três primeiras eleições presidenciais que disputara, Lula havia se unido apenas aos tradicionais partidos de esquerda, que careciam de densidade eleitoral. Em 2002, no entanto, a cúpula do PT estava aberta a rever esse critério. Na prática, isso queria dizer que o partido toparia amigar-se com quem quer que fosse. E pelo preço (moral e venal) que custasse. Os 300 picaretas do Congresso que Lula um dia criticara agora seriam comprados a peso de ouro para formar sua base parlamentar.

Ao formar sua coligação para a campanha de 2002, o PT buscou unir-se com dois partidos (de direita e centro-direita) que já tinham feito parte das bases de Collor e FHC: o Partido Liberal (PL) e o Partido Trabalhista Brasileiro (PTB). Não se podia dizer que o PTB e o PL tivessem um histórico de luta contra a corrupção. Nem que estavam dispostos a mudar de lado por causa dos belos dotes do PT. Este, sim, é que, obcecado em conquistar o poder, já não se mostrava tão rígido quanto antes. Em várias administrações municipais petistas, sobretudo no interior paulista, a corrupção corria solta, especialmente na trinca limpeza urbana, transporte coletivo e jogo do bicho. A imprensa descobria algo aqui, o Ministério Público pescava algo ali, mas o partido ainda tinha muita gordura ética para queimar.

Do ponto de vista estratégico, a aliança com o PL era a mais importante para o PT. Isso porque Lula tinha a pretensão de que um senador do PL, José Alencar, aceitasse ser vice na sua chapa. Alencar reunia duas qualidades formidáveis para a campanha de Lula. Primeiro, era de Minas, o segundo colégio eleitoral do país. E também ostentava o título de dono da Coteminas, uma das maiores indústrias têxteis da América Latina, condição que ajudaria (e muito) na lavagem do currículo radical do PT. Unir Lula a um dos homens mais ricos do país funcionaria como um sinal de que o PT, caso chegasse ao poder, não pretendia ofender o grande empresariado. O PL, no entanto, queria 20 milhões de reais para se coligar ao PT e ceder José Alencar. Na verdade, toparia fazê-lo por 15 milhões de reais. Acabou fechando por 10 milhões de reais.

Com quase três vezes o número de parlamentares do PL, o PTB tinha mais cacife para negociar. Além de cacife, tinha também Roberto Jefferson, presidente do partido. Habilidoso advogado de júri e de programas populares de televisão, raposa com vinte anos de Congresso, Jefferson já se mostrara fiel àqueles a quem se unia. Tinha sido assim no início dos anos 1990, quando fizera parte da tropa de choque de Collor no Congresso. Com seus 175 quilos, revólver metido na cintura (175 centímetros de circunferência) e seus ternos de linho branco empapados de suor, Jefferson era um troglodita assumido. Certa vez, no Rio, derrubara a golpes de machado um painel armado no centro da cidade que denunciava os deputados que haviam faltado a uma votação na Câmara. Seu nome estava lá.

No início de 2002, Jefferson era outra pessoa. Tinha emagrecido 70 quilos após uma cirurgia de diminuição do estômago, trocara as aulas de tiro pelas de canto lírico e passara a se vestir melhor. Mudara, é verdade, mas continuava igual. No primeiro turno, rejeitou o apoio a Lula dizendo que não votava em "sapo barbudo". No segundo turno, por 20 milhões de reais, divididos em cinco parcelas quinzenais, Jefferson negociou o apoio de seu partido ao PT.

A cúpula do PT queria os partidos conservadores ao seu lado e queria também uma campanha eleitoral de primeiríssima linha. Por decisão pessoal de Lula, o partido contratou Duda Mendonça. Àquela

A ÁGUA, O CANO E O ESGOTO

altura, Duda já tinha feito campanhas eleitorais até na Argentina, mas não uma campanha presidencial do PT. Lula bem que havia tentado contratá-lo antes, mas a esquerda do partido vetara o "publicitário do Maluf". Em 2002, esse foi mais um dogma que caiu.

O PT pediu a Duda Mendonça que orçasse um pacote com as campanhas de Lula e dos candidatos petistas a governador e senador no Rio e São Paulo. O publicitário botou um preço lá em cima: 25 milhões de reais. Desse total, apenas 10,4 milhões de reais seriam contabilizados, o resto era caixa dois. O partido fechou negócio.

Somados os 25 milhões de reais de Duda, os 20 milhões de reais do PTB e os 10 milhões de reais do PL, o Partido dos Trabalhadores iniciava a campanha devendo 55 milhões de reais. O partido não tinha tal fortuna em seus cofres. Mas, com crédito na praça, a cúpula petista optou por seguir em frente, fazendo despesas e comprando amizades. Veria depois como pagar, quando Lula já estivesse no Palácio do Planalto. Em algum lugar, haveria de ter uma resposta para aquela equação matemática que não fechava.

A resposta estava em Minas.

* * *

Marcos Valério sempre soube para onde o vento sopraria. Em 2002, sentiu que era a vez do PT. "Agora é Lula", dizia o slogan de Duda Mendonça. E era mesmo.

Em seu quintal, Valério estava tranqüilo. O tucano Aécio Neves ganhara no primeiro turno a eleição para governador, o que significava que dificilmente as contas publicitárias do Palácio da Liberdade deixariam de cair nas mãos da SMP&B. Já no âmbito federal, a coisa era diferente. Depois de oito anos no poder, o PSDB estava desgastado. José Serra, o candidato do partido à Presidência da República, além de pouco carismático, carregava o peso dos erros e escândalos do governo FHC. A possível derrota de Serra deixaria em xeque os ganhos de Marcos Valério com as contas publicitárias do Banco do Brasil, Ministério do Trabalho, Ministério dos Esportes e da Eletronorte. Além da perda de faturamento no negócio da publicidade, Valério amargaria ainda a perda de faturamento no negócio de caixa dois, que corria em paralelo. O empresário viu então que era hora de botar um pé na canoa do PT.

Uns contam que foi o deputado petista Virgílio Guimarães quem apresentou seu conterrâneo Marcos Valério ao tesoureiro do PT, Delúbio Soares. Outros dizem que o parlamentar foi apenas uma ponte (por sinal, secundária) entre as várias que ligaram o empresário ao partido. Uma coisa é certa: em meados de 2002, quando a vitória de Lula já apontava no horizonte, o operador materializou-se na frente do tesoureiro do PT. E Delúbio sabia de antemão que o homem era quente. Conforme contaria mais tarde o tesoureiro, Valério chegou com a fama de possuir experiência em "trabalhar com recursos", exatamente o que Delúbio procurava. Dali, em diante, se transformariam numa dupla.

Quem vê Delúbio Soares de Castro logo nota duas características físicas marcantes. A primeira é o diastema (os conhecidos dentes limpa-trilho), que lhe dá um falso ar de bobo quando sorri. A outra é a barba hirsuta e alvinegra. Os que reparam mais acabam percebendo que Delúbio tem as pálpebras empapuçadas, que, junto com os olhos azuis e muito claros, lhe conferem um olhar gélido. No quesito vestuário, vigora o discutível gosto por gravatas em tons fortes — sempre amarradas com o maior nó que já se viu em Brasília — combinadas com ternos e camisas escuras.

Filho de agricultores pobres, Delúbio nasceu no vilarejo de Buriti Alegre, Goiás. Formou-se em matemática e, como professor, fez carreira no movimento sindical. Delúbio sempre foi de esquerda (ele ficou quase vinte anos sem tomar Coca-Cola em protesto contra o imperialismo norte-americano). Em 1980, ajudou a fundar o PT goiano e conheceu Lula. O gosto comum por pescarias e música sertaneja os aproximou. Militante obreiro, deu o sangue em diversos postos na Central Única dos Trabalhadores (CUT) e no PT, até ser conduzido, com as bênçãos de Lula, à Comissão Executiva Nacional do partido.

No politburo petista, a função de Delúbio era cuidar do dinheiro. Aos 47 anos de idade, movimentava um orçamento maior que o de muitas prefeituras. Entre 2002 e 2004, o tesoureiro do PT seria responsável por um caixa oficial de 100 milhões de reais (fora o caixa dois). O dinheiro provinha basicamente de quatro fontes: contribuições legais, "contribuições" ilegais, dízimo dos filiados e receita do Fundo Partidário. O que dava mais trabalho (e mais dinheiro) eram as contribuições e "contribuições". Na eleição de 2002, Delúbio coordenou uma equipe responsável por pedir doações a 14 mil empresários no Brasil. Quando o assunto era mais delicado, ele ia pessoalmente.

O homem que manejava tal fortuna morava de aluguel havia 12 anos num apartamento de dois quartos no bairro dos Jardins, em São Paulo. Suas duas únicas extravagâncias eram fumar charutos cubanos (Cohiba Lanceros, 80 reais a unidade), beber bons vinhos (na faixa de 300 reais) e excelentes uísques (Johnny Walker Blue Label, 500 reais a garrafa). Precavido, era dono de um revólver Taurus calibre 38 e desenvolvera o hábito de deslocar-se em carros blindados, alugados pelo partido.

O OPERADOR

Assim que soube das movimentações de Marcos Valério na campanha do PSDB mineiro de 1998, Delúbio se encantou. Da admiração nasceu uma amizade sincera e uma profícua parceria. Ainda em 2002, o empresário passou a freqüentar o comitê eleitoral de Lula, onde reencontrou um velho conhecido, Duda Mendonça. Valério ia ao comitê, conversava com Delúbio, via o movimento e ia embora. No agito da campanha, raras foram as pessoas que perceberam a presença daquele sujeito calvo que ia falar com o tesoureiro. Também ninguém costumava perguntar a Delúbio o que ele tratava com suas visitas. Era como se a sala do tesoureiro fosse um território inviolável, como um confessionário.

De segredo em segredo, de acordo em acordo, de transformação em transformação, o PT levou sua campanha presidencial adiante. Duda Mendonça fez um comercial lindo, com grávidas vestidas de branco a caminhar por uma relva, a perfeita tradução de um tempo novo e auspicioso.

Lula venceu. O Brasil festejou. Milhares foram à avenida Paulista, em São Paulo, para a festa oficial da vitória. O presidente eleito surgiu emocionado no palanque e acenou para a multidão. Quando as palmas, os gritos e a cantoria cessaram, ele falou. Na sua longa lista de agradecimentos, estavam seus eleitores, o PT e Duda Mendonça.

No dia 1º de janeiro de 2003, os jornais tentaram interpretar, cada qual a sua maneira, o fato inédito que ocorria naquele dia: um ex-operário e ex-líder sindical de esquerda ascendia à Presidência da República: "Lula assume as esperanças do país" (*Jornal do Brasil*); "Lula toma posse hoje; 76% esperam bom desempenho" (*Folha de S.Paulo*); "Festa e esperança para Lula presidente" (*O Estado de S.Paulo*); "Primeiro presidente de esquerda, Lula assumirá pregando conciliação" (*O*

Globo); "O dia da mudança" (*Correio Braziliense*); "Feliz ano-novo, Brasil!" (*Diário de S.Paulo*).

Poucos dias antes da posse, Marcos Valério mandara para o setor financeiro do PT presentes de Natal comprados na joalheria Manoel Bernardes, de Belo Horizonte, ao preço de 17 mil reais.

Como diria em breve um aliado do PT transformado em desafeto, "não passa um filete de água pura num cano de esgoto".

CAPÍTULO 4

Unhas encravadas

Nos 43 anos de Brasília, nunca antes a Esplanada dos Ministérios esteve tão cheia e alegre. Todos queriam ver Lula assumir o poder e, sobretudo, ouvir o que ele tinha a dizer a respeito do governo que começava. No discurso de oito páginas proferido na solenidade de posse, o novo presidente usou 16 vezes o substantivo *mudança* e o verbo *mudar*. Começava assim:

— Mudança: esta é a palavra-chave, esta foi a grande mensagem da sociedade brasileira nas eleições de outubro. A esperança finalmente venceu o medo [...].

A transformação mais radical acenada por Lula foi o fim de um dos maiores flagelos nacionais: a fome:

— Defini entre as prioridades de meu governo um programa de segurança alimentar que leva o nome de Fome Zero. [...] Se ao final do meu mandato todos os brasileiros tiverem a possibilidade de tomar café da manhã, almoçar e jantar, terei cumprido a missão da minha vida. É por isso que hoje conclamo: vamos acabar com a fome em nosso país. Transformemos o fim da fome em uma grande causa nacional.

A festa foi dirigida por Duda Mendonça. Custou 1,5 milhão de reais ao PT. A primeira parcela — referente à montagem de palco e camarins, aluguel de sistema de som e iluminação e colocação de grades de proteção — ficou em 72.750 reais. Parte das despesas seria paga por intermédio de operações de Marcos Valério.

* * *

Terminada a eleição, Valério pulou do comitê eleitoral do PT para a sede nacional do partido, na rua Silveira Martins, centro de São Paulo. Colado em Delúbio, teve o raro privilégio de assistir à montagem do governo e à definição da equipe. Treze dias depois da posse — e aí começa uma série de coincidências cabalísticas com o número-símbolo do PT —, o empresário foi chamado por Delúbio Soares. Naquele dia, o tesoureiro estava, como costumava dizer no seu goianês, com uma "unha encravada". Ele precisava de 100 mil reais para fazer um acerto com o PTB, mas não dispunha do dinheiro. Marcos Valério se ofereceu para ajudar. E ajudou. O serviço de pedicuro seria acertado depois, combinaram.

Por receio de mexer em interesses poderosos, a promessa de mudança do PT ficou só no discurso. Nas áreas econômica, social e política, tudo continuou mais ou menos na mesma. Avançou um pouco ali, recuou um pouco acolá, mas na soma final o resultado foi um governo conservador. A fome imensa que acabou sendo amplamente atendida no governo Lula foi a fome por dinheiro e poder.

Os partidos de direita e centro-direita que haviam aderido ao PT estavam ansiosos por receber o que fora combinado antes da eleição. O PTB era um deles. Na falta de recursos, o PT começou por pagar a dívida de poder. Como prêmio principal, os trabalhistas ganharam o

UNHAS ENCRAVADAS

Ministério do Turismo (o escolhido para gerir a pasta foi Walfrido dos Mares Guia, o ex-vice-governador de Azeredo e coordenador da campanha do tucano em 1998). O PTB levou ainda as presidências da Eletronorte e do Instituto de Resseguros do Brasil (IRB), uma das vice-presidências da Caixa Econômica Federal e diretorias na Eletronuclear, Embratur, BR Distribuidora e nos Correios, além de meia dúzia de cargos de importância relativamente menor. O PTB, no entanto, não queria apenas cargos; queria também dinheiro.

A cúpula do PT comprava, mas Delúbio de início não pagava. Com um mês de governo, o tesoureiro ainda penava com as dívidas e "compromissos políticos" assumidos na campanha. Só a Duda Mendonça, os pagamentos atrasados somavam 11,5 milhões de reais. Ao PTB e ao PL, mais 30 milhões. Roberto Jefferson já começava a dar sinais de intranqüilidade e com freqüência era visto na sede do PT em Brasília — inclusive por Marcos Valério — com cara amarrada.

Não bastassem os passivos, Delúbio ainda tinha de arranjar dinheiro para bancar os novos projetos do partido. O PT planejava sair do imóvel velho e feio que alugava no centro de São Paulo e construir sua sede própria nos Jardins, um dos bairros com o metro quadrado mais caro da cidade. Preço do projeto: 20 milhões de reais. Também tinha encomendado a Duda uma assessoria de *marketing* (7 milhões de reais) para o ano de 2003 e já fazia planos de contratar o publicitário para as campanhas municipais de 2004 em São Paulo, Recife, Belo Horizonte, Curitiba, Goiânia e Cruzeiro do Sul (município onde o filho de José Dirceu, Zeca, concorreria a prefeito). Valor do pacote: 25 milhões de reais.

Mesmo com a milionária receita do PT crescendo a uma média de 58% ao ano, Delúbio precisava de muito mais dinheiro do que dispunha para honrar os compromissos assumidos pela cúpula do partido. Só com o PTB, o PL e Duda, a dívida chegava a 73,5 milhões de reais.

Pelos caminhos legais de financiamento de campanha e de partido, seria impossível arranjar recursos para pagar esses e outros gastos que surgiriam pela frente. Até pelos meios ilegais seria difícil. E olha que, já no início do governo, o tesoureiro do PT se tornara um dos homens mais procurados e paparicados pelos operadores do empresariado nacional. Todos queriam conhecer Delúbio, almoçar com Delúbio, ficar amigo de Delúbio, ajudar Delúbio. Este fazia o que dava conta. O problema era que, quanto mais as negociações subiam de patamar, mais as transações financeiras ficavam complexas. Receber 100 mil, 500 mil, 1 milhão de reais por fora era uma coisa. Lavar 50 milhões de reais era outra.

O jogo mudara, e Delúbio já não tinha *know how* para administrá-lo sozinho. Era o momento de Marcos Valério entrar em ação novamente.

* * *

Na bússola econômica do Brasil, o norte apontava para São Paulo. Mas, para Delúbio, a solução para os problemas financeiros do PT estava em Minas.

O acerto de Valério com o PT se deu praticamente nas mesmas condições ocorridas com o PSDB mineiro. O empresário se encarregaria de administrar o caixa dois do partido. E este, por sua vez, seria alimentado pelos milagrosos empréstimos concedidos pela banca mineira.

No cardápio de Valério, além do velho e fiel Rural, havia uma novidade: o BMG. O primeiro dispensa apresentações. O segundo era uma instituição com 73 anos de existência, pouco conhecida fora das fronteiras mineiras, pertencente à poderosa e biliardária família Pentagna Guimarães. Com patrimônio de 303 milhões de reais, o BMG não figurava na lista dos cinqüenta maiores bancos do país. Seu negócio era comer pelas beiradas. A instituição não tinha agências, preferindo trabalhar com correspondentes bancários. Seu foco era o chamado crédito consignado, ou seja, empréstimo descontado diretamente no salário do devedor, uma transação bancária com risco praticamente zero.

O BMG tinha todo o interesse em ajudar o PT. Havia tempos o banco ensaiava entrar no mercado de crédito consignado para aposentados e pensionistas do INSS, um negócio que poderia render um ganho de patrimônio de 400 milhões de reais em apenas dois anos. Mas, para isso, o BMG precisava do OK do governo — leia-se, do PT. Ainda na campanha de 2002, a direção do banco procurara aproximar-se dos petistas. Nada melhor nessas horas do que comida, bebida e dinheiro. Os dois primeiros itens serviram para embalar um jantar com Lula; o terceiro, para doar 120 mil reais para a campanha do partido. Depois houve mais.

Quarenta e oito dias depois do discurso da mudança que inaugurara o governo do PT, Marcos Valério recebeu Delúbio Soares em Belo Horizonte para desencravar-lhe mais uma unha. Juntos, foram à sede do BMG para conversar com diretores do banco e pegar uma papelada. Era um contrato de empréstimo entre o BMG e o PT no valor de 2,4 milhões de reais. Quem assinava pelo partido era Delúbio Soares e José Genoino, que também faziam as vezes de avalistas — pura formalidade, já que ambos não teriam condições de honrar essa dívida nem se quisessem. Um terceiro avalista, mais polpudo que os outros dois, aparecia no contrato: Marcos Valério, com sua assinatura de ondinhas.

O OPERADOR

Quando Valério operava, era sempre difícil saber se ele estava levando ou trazendo. Foi o que aconteceu no caso do empréstimo do BMG. Três dias depois do encontro com Delúbio em BH, a viagem ocorreu no sentido inverso. Na condição de acompanhante de Flávio e Ricardo Guimarães (respectivamente, controlador e presidente do BMG), Marcos Valério foi a Brasília para um almoço-audiência com José Dirceu, no Palácio do Planalto. Ao meio-dia daquele 20 de fevereiro, o ministro havia se reunido com Lula no gabinete presidencial, no terceiro andar do palácio. Terminada a conversa com o presidente, Dirceu subiu ao quarto andar para se encontrar com os donos do BMG. A pauta oficial da reunião, agendada por Marcos Valério, era um convite ao ministro-chefe da Casa Civil (prontamente aceito) para a inauguração de uma fábrica de alimentos em Luziânia, Goiás, pertencente à família Pentagna Guimarães. Todos os presentes juram com as mãos postas que não se falou do empréstimo ao PT. Ou melhor, dos empréstimos. Passados cinco dias da refeição no Planalto, lá estava Marcos Valério de volta a Belo Horizonte pegando mais uma papelada no BMG. Era outro contrato de empréstimo. Dessa vez, porém, o PT não apareceu na transação. Pelo contrato número 13.03.00131 (de trás para frente e de frente para trás, só dá treze), a SMP&B tomou 12 milhões de reais do banco. A garantia de pagamento eram créditos que a DNA tinha a receber da Eletronorte referentes a serviços de publicidade.

Tal qual havia ocorrido com o PSDB em 1998, o empréstimo para o PT em 2003 era um bicho sem pé nem cabeça. O banco emprestava para um, mas sabendo que o verdadeiro beneficiário era outro. Sendo assim, do ponto de vista estritamente legal, o real devedor estava desobrigado de pagar a dívida. O devedor oficial, por sua vez, a SMP&B, não tinha patrimônio que sustentasse o crédito. E a garantia oferecida era mais volátil que gasolina. Nada fazia sentido com coisa alguma, mas o fato é que os 12 milhões de reais saíram do BMG, fizeram escala numa conta bancária da SMP&B e seguiram direto para honrar "compromissos políticos" assumidos pela cúpula do PT.

Testado o esquema no BMG, foi a vez do Banco Rural. O modelo da operação foi rigorosamente o mesmo: começou com um empréstimo em nome do PT e aval de Marcos Valério e seguiu com outros, em nome das empresas do "publicitário".

No Rural, Valério estava em casa. José Augusto Dumont, o vice-presidente do banco, foi quem intermediara o empréstimo para o PSDB em 1998 e deixara de receber 11,9 milhões de reais da DNA, o devedor oficial da dívida. Na diretoria do Rural, Valério ainda tinha outro amigo: João Heraldo Lima, que fora secretário da Fazenda do governo Azeredo.

A exemplo do que ocorrera com o BMG, Marcos Valério trafegaria em mão dupla na ponte que ligava o Rural e o PT. O Rural tinha dois megaprojetos que dependiam da boa vontade do governo. Um deles era criar o Banco do Trabalhador, que seria responsável por concentrar a movimentação bancária de todos os sindicatos filiados à CUT. O negócio era uma beleza, sobretudo para o Rural, que até já registrara o nome-fantasia Banco do Trabalhador. O Rural tinha tanta pressa no negócio que planejava "embarrigar" um deputado para fazê-lo patrocinar um projeto de lei que autorizasse a criação da nova instituição financeira.

O segundo plano do banco era ainda mais ousado e lucrativo. O Rural queria comprar a massa falida do Banco Mercantil de Pernambuco, que de falida não tinha nada, antes pelo contrário. A história do Mercantil de Pernambuco era incrível. Com problemas de caixa, o banco sofrera uma intervenção do Banco Central em agosto de 1995.

O OPERADOR

Como era praxe à época, o BC dividiu o Mercantil de Pernambuco em dois: a banda podre (ou seja, as dívidas) e a banda sadia (as agências, os ativos, a carteira de clientes). A primeira ficou com o Banco Central, que assumiu o mico e injetou uma fortuna no Mercantil de Pernambuco por intermédio do Proer, o programa de recuperação de bancos quebrados. Já a parte boa da instituição foi vendida para o mercado bancário. O Rural, que já era sócio do Mercantil de Pernambuco, entrou nessa, comprando as agências do banco.

Diz o ditado que o melhor negócio do mundo é ter um banco, e o segundo melhor é ter um banco falido. Pois o Rural confirmou o dito. Após comprar a parte boa do Mercantil de Pernambuco, o Rural vislumbrou a chance de ganhar outra bolada adquirindo a massa falida do banco. Isso seria possível por causa de um capricho do destino. Quando aderiu ao Proer, o Mercantil de Pernambuco fora obrigado a comprar títulos públicos indexados ao dólar. Na época, 1 dólar valia 1 real. Com o passar do tempo, o real se desvalorizou diante do dólar, fazendo com que os títulos adquiridos pela massa falida do Mercantil de Pernambuco atingissem uma cotação de cerca 900 milhões de reais, um ganho financeiro estratosférico. Ao perceber que o mico do Mercantil de Pernambuco poderia transformar-se num negócio lucrativo, o Rural começou a comprar ações do banco, chegando a deter 22% da instituição.

No início de 2003, a perspectiva do investimento era tão boa que o Rural tentava comprar o restante do Mercantil de Pernambuco. Mas, para isso, precisava que o Banco Central suspendesse a liquidação do banco. Por isso, precisava de Marcos Valério. Se Valério conseguisse que o BC suspendesse a liquidação do Mercantil de Pernambuco, o Rural poderia enfim adquirir o restante da instituição e realizar o lucro dos benditos títulos indexados ao dólar. Pela contas do mercado, o dinheiro dos títulos daria para pagar as dívidas antigas do Mercantil de Pernambuco e ainda sobraria um troco para o Rural de cerca de 550 milhões de reais.

Mas, antes de ganhar o céu, era preciso trabalhar na terra. No dia 14 de maio, o Rural celebrou um contrato de empréstimo com o PT no valor de 3,4 milhões de reais, tendo Marcos Valério como avalista. Doze dias depois, o banco "emprestaria" outros 19 milhões para a SMP&B, tendo como garantia de pagamento os contratos de publicidade da DNA com o Banco do Brasil. O penhor era frouxo, mas o Rural parecia não se importar com isso. Ao contrário. O banco indicava que o mais importante era ter uma boa relação com o PT.

Menos de dois meses após a concessão do "empréstimo" de 19 milhões de reais para a SMP&B, o vice-presidente do Rural foi à sede do PT em Brasília para tomar um café com Delúbio Soares. O encontro, é claro, foi intermediado e assistido por Marcos Valério. Sete semanas depois, o PT sacou mais 10 milhões de reais no Rural, numa nova operação de empréstimo. Dessa vez, o "laranja" que figurou como devedor no empréstimo foi a Graffiti Participações, de Marcos Valério. A garantia oferecida pela Graffiti foram, mais uma vez, os voláteis contratos de publicidade da DNA com o Banco do Brasil.

Nessa operação, houve quem, dentro do próprio Rural, questionasse as garantias oferecidas por Valério. O diretor de crédito do banco, Wellerson Antonio da Rocha, propôs que o empréstimo fosse concedido somente no caso de a Graffiti obter um aval do Banco do Brasil em relação às garantias. A sugestão, no entanto, foi olimpicamente ignorada pela maioria dos integrantes da diretoria do Rural. O empréstimo, assim, foi liberado sem maiores dificuldades.

As amarras dos supostos empréstimos eram tão frágeis que posteriormente o Banco Central os classificou como sendo de *nível H*. Essa é a faixa que indica o risco mais alto numa operação de crédito. Num empréstimo de *nível H*, a possibilidade de calote é tão grande que o BC exige que o credor provisione 100% do valor emprestado. Ou seja, se a instituição financeira emprestou 100, ela tem de deixar outros 100 retidos no Banco Central como uma espécie de caução.

Marcos Valério — um *nível H* ambulante — voltaria a operar para o PT em outras três transações de crédito de alto risco. Em janeiro de 2004, a Graffiti tomou 15,7 milhões de reais do BMG para supostamente amortizar a dívida de 12 milhões de reais contraída onze meses antes pela SMP&B. Em abril, Marcos Valério inovou. Pediu a seu sócio Rogério Tolentino que usasse uma empresa dele, a Tolentino & Associados, para figurar como tomadora de um empréstimo de 10 milhões de reais no BMG. E, para encerrar a série, em julho de 2004 a SMP&B fez a oitava e última transação, ao assumir para o PT uma dívida de 3,51 milhões de reais no BMG.

A acreditar-se que os empréstimos realmente existiram, o PT devia ao BMG e ao Rural 5,8 milhões de reais por vias diretas e outros 55,3 milhões por vias *valerianas*, o que dava um total de 61,1 milhões de reais. Só de CPMF, o partido gastaria 232 mil reais para acertar o débito.

A acreditar-se que era tudo verdade, apenas o esquecimento explica o fato de que Marcos Valério simplesmente não lançou os empréstimos na contabilidade de suas empresas, o que só faria depois do leite derramado.

A crer na bondade dos bancos, o BMG e o Rural tiveram toda a calma e disposição para rolar os empréstimos. Uma das dívidas, por exemplo, foi renovada seis vezes sem que Valério pagasse um único tostão em mais de dois anos. A cobrança só começou depois que o caso havia se transformado em escândalo.

UNHAS ENCRAVADAS

A confiar nas palavras de Marcos Valério e da cúpula do PT, só resta imaginar que o empresário era um homem generoso. Haja vista que ele começou a fazer repasses milionários ao partido 14 dias antes da celebração do primeiro empréstimo e, ao final, acabou entregando ao PT 4.002.298 reais a mais do que pegou nos bancos. E ainda pagou do próprio bolso 350 mil reais de juros que o partido devia ao BMG por conta do primeiro empréstimo, aquele em que Valério figurava apenas como avalista.

O PT, contudo, parece que não acreditou. Após a descoberta das operações e o passa-fora aplicado em José Dirceu, Delúbio Soares e José Genoino, o partido informou de forma lacônica que não reconhecia os empréstimos tomados diretamente por Marcos Valério e suas empresas. Quando cobrado judicialmente por Valério, o PT contratou advogados para dizer que não tinha nada a ver com aquelas operações. "Você conhece algum banco que empreste dinheiro desse jeito? Os empréstimos foram irregulares por parte dos bancos e das empresas", chegou a dizer o advogado do PT, Luiz Bueno de Aguiar.

Cada um que desencravasse suas próprias unhas.

CAPÍTULO 5

A farra

Nas operações de "empréstimo" com o BMG e com o Rural, o PT levantou uma montanha de dinheiro, literalmente. Caso os 66,1 milhões de reais fossem retirados de uma só vez na boca do caixa, seria preciso uma caminhonete para levar os 772 quilos de notas de cem reais.

A maior parte da fortuna — 55,8 milhões de reais — foi administrada por Marcos Valério. A coisa funcionava assim: quando precisava efetuar algum pagamento, Delúbio ligava para Valério e este providenciava o envio do dinheiro. Simples. Dessa maneira, durante 28 meses (janeiro de 2003 a maio de 2005), o PT movimentou de forma ilegal uma média de 63.380 reais por dia, incluindo sábados, domingos e feriados.

O dinheiro jorrou. Dívidas de campanha foram pagas, "compromissos políticos" do PT com seus aliados foram saldados, corruptos enriqueceram, advogados e prostitutas receberam por serviços prestados e até a amante de um ex-deputado já morto teve a sua pensão garantida. A torrente do caixa dois petista não cessou nem quando explodiu o primeiro escândalo do governo Lula: o vídeo em que Waldomiro Diniz, assessor do ministro José Dirceu, aparecia pedindo propina a um bicheiro, quando ainda dirigia a Loteria do Rio de Janeiro (Loterj). Seis dias após o vídeo vir à tona e chocar o país, Marcos Valério saldou um "compromisso político" do PT com o PL no valor de 500 mil reais.

Para desaguar os recursos sem despertar suspeitas, o empresário usou o velho expediente já testado e aprovado em 1998 na campanha do PSDB mineiro. Na maioria das vezes, o truque funcionava da seguinte forma: a SMP&B emitia cheques nominais a ela mesma, que eram então endossados e sacados na boca do caixa. Como a SMP&B costumava movimentar anualmente dezenas de milhões de reais, ninguém notava se a empresa havia sacado 10 milhões de reais a mais ou a menos num determinado mês. Só o banco poderia desconfiar de tantos saques na boca do caixa, mas para isso Marcos Valério tinha seus amigos no Rural.

Para girar o sistema no seu dia-a-dia, o empresário mobilizou uma equipe pequena, mas eficiente. A diretora financeira da SMP&B, Simone Vasconcelos, era a responsável pela contabilidade do esquema. Sua assistente, Geiza Dias dos Santos, preparava os cheques. E Cristiano Paz os assinava. No auge dos pagamentos, Geiza levava para o sócio da SMP&B pilhas de cheques identificados com um pedaço de papel escrito "Assunto PT-Marcos Valério". Paz gastava um bom tempo assinando cheque por cheque e endossando-os no verso. "Gente, é tanto cheque para assinar... Pelo amor de Deus! Não tem uma forma mais fácil de resolver isso?", questionou o publicitário certa vez. Não, não tinha. Para não deixar rastro do dinheiro, era preciso movimentá-lo de forma quase artesanal.

Tempos depois, Cristiano Paz diria que aquela função o incomodava bastante, mas que ele nunca pensou em devolver os cheques sem assiná-los. Um dia, um antigo funcionário questionou-o sobre o fato de que a SMP&B estava girando muito mais dinheiro do que faturava

A FARRA

com as contas publicitárias. "Nosso negócio é publicidade, Cristiano", disse o parceiro em tom de reprimenda, ao que o empresário respondeu: "Nosso negócio é negócio."

* * *

A maior parte do dinheiro que movimentava o "negócio" foi sacada em *cash* numa conta da SMP&B no Banco Rural em Belo Horizonte (agência Assembléia Legislativa, bairro Santo Agostinho, zona centro-sul). De início, Marcos Valério montou um esquema tosco e perigoso, mas que tinha a vantagem de não deixar pegadas pelo caminho. Para transportar bolsas contendo quilos e mais quilos de dinheiro, o empresário abriu mão do serviço de carros-fortes (que exigem documentos e registros) e optou por usar *motoboys*.

Os motoqueiros saíam da SMP&B, na rua Inconfidentes, pegavam a rua Sergipe, viravam à direita na Fernandes Tourinho e seguiam até cair na avenida do Contorno. Depois, era só entrar na Olegário Maciel, fazer o balão e pronto: em menos de dez minutos estavam em frente ao Rural, agência Assembléia. Eles chegavam bem cedo, quando o banco ainda estava fechado. Conforme as instruções recebidas, os motoqueiros batiam na porta e avisavam ao guarda que tinham vindo pegar "a encomenda" da SMP&B. Era a senha para que fossem colocados imediatamente para dentro. Após serem encaminhados à tesouraria do banco, os *motoboys* trocavam os cheques nominais da SMP&B por maços de dinheiro embrulhados em tiras de papel. Mais uma vez, as ordens eram expressas: eles não deveriam assinar nada nem conferir o dinheiro. Os motoqueiros pegavam a bolada, enfiavam tudo dentro de uma mochila e faziam o caminho de volta para a SMP&B.

O OPERADOR

Com rendimento mensal em torno de 600 reais, os *motoboys* começaram transportando 20 mil, 30 mil reais. Depois, passaram a fazer duas ou três viagens por dia, pegando até 150 mil por vez. Houve dias em que um só motoqueiro transportou 400 mil reais, divididos em três corridas. O dinheiro era levado à sala do chefe dos *boys* da SMP&B, Orlando Martins, onde era colocado em cima de uma mesa e dividido em pilhas. Só depois é que seguia para a diretoria financeira. Algumas vezes, aconteceu de os motoqueiros chegarem trazendo dinheiro e encontrarem a mesa de Orlando já forrada com maços de notas.

Aquilo podia ser banal para Marcos Valério, mas não para os motoqueiros. A escalada dos valores começou a levantar suspeitas entre eles e a deixá-los preocupados. Eles sabiam que não era normal entrar numa agência bancária antes do início do expediente e pegar tanto dinheiro em espécie. Ademais, havia o fator segurança. Os motoqueiros chegaram a fazer uma reunião entre eles para discutir o assunto e concluíram que era uma temeridade carregar valores tão altos sem um esquema mínimo de proteção. Levaram o assunto à direção da SMP&B, mas receberam ordens para continuar fazendo o trabalho. E assim foi, até que deu chabu.

Um dia, o motoqueiro Maurício foi à agência do Rural pegar 100 mil reais. Estava acompanhado do *boy* Marquinhos. A dupla fez o serviço de sempre, mas à saída do banco foi abordada por dois homens de terno. Um deles abriu uma bolsa, mostrou uma pistola ponto 40 para os *boys* e mandou que eles passassem a mochila com o dinheiro. O assalto durou menos de um minuto. Atônitos, Maurício e Marquinhos ligaram para a SMP&B e receberam a instrução de voltar imediatamente para a empresa. Detalhe: não deviam acionar a polícia.

Quando chegaram à SMP&B, ambos foram avisados de que a empresa cuidaria do caso e que eles deveriam esquecer o assunto. O motoqueiro ainda ganhou uma mochila nova. Obviamente, essa não era a reação pela qual esperavam.

Mas a coisa não foi tão tranqüila assim. Dias depois, um sujeito que dizia ser policial civil procurou o motoqueiro, fez algumas perguntas, anotou seu endereço e foi embora. O *motoboy*, no entanto, nunca foi chamado a prestar declaração na polícia ou na Justiça. Achando aquilo tudo muito estranho, ele deixou a SMP&B e foi tentar a vida nos Estados Unidos.

Depois do episódio do assalto, a SMP&B mudou a sistemática do transporte de valores. No lugar dos motoqueiros, entrou a figura de David Rodrigues Alves. Com 47 anos de idade, 6 de Exército e 23 de polícia civil, David era o popular negrão. No fundo, era um sujeito muito educado e até doce, mas quem não o conhecia costumava reparar primeiro na cara de mau e no corpo tipo armário. Na polícia, David trabalhava em regime de plantão, das 6:30 da tarde às 8:30 da manhã seguinte. Nas suas 72 horas de folga, costumava fazer bicos para completar o magro salário de detetive classe especial. Durante uns tempos, vendera temperos caseiros. Depois prestara serviços para o Frigobom, a Sólida Factoring e a Casa das Tripas. Em 2003, um doleiro que conhecia o policial disse a ele que a SMP&B precisava de gente para fazer transporte de valores. David tinha o *phisique du rôle* perfeito, um revólver calibre 38 e um certificado de curso anti-seqüestro. Melhor que isso, impossível. Cristiano Paz entrevistou o policial, gostou do jeito dele e o contratou.

Ao cumprir sua tarefa, David se mostrava um homem precavido. Antes de entrar e sair da agência do Rural, sempre fazia um reconhecimento visual da área, a fim de não ser surpreendido. Levava sua arma consigo, além de uma caixa de sapatos ou de camisa para acomodar o dinheiro. Transportava entre 50 mil e 100 mil reais por corrida. Às vezes, fazia até três viagens por dia a três diferentes agências do Rural (Centro, Assembléia Legislativa e Santa Efigênia). Assim como os *motoboys*, David não contava o dinheiro, apenas conferia o número de maços. As notas de cem reais chamaram sua atenção no início, pois fazia muito tempo que não via uma delas. Logo se acostumou.

O policial ganhava entre 50 e 100 reais por dia de trabalho. Às vezes, ia ao banco no próprio carro para ficar com os 20 reais da corrida de táxi. Com o dinheiro ganho na SMP&B, David pôde equilibrar suas contas durante um bom período. Mas um dia o bico cessou, deixando-o em situação precária novamente. O policial então vendeu o carro, contraiu empréstimos em dois bancos (Itaú e Caixa Econômica Federal) e passou a atrasar o pagamento da faculdade do filho.

Em menos de um ano, David transportou 6,8 milhões de reais em dinheiro vivo, o equivalente a 79 quilos de notas de cem.

No esquema operado por Marcos Valério, as notas continuaram circulando cada vez com mais fartura. Quem viu milhares delas foi Duda Mendonça. Depois de quase brigar com Delúbio Soares por causa dos pagamentos atrasados — "Fiz meu serviço; quero receber", dizia ao tesoureiro do PT —, o publicitário entrou na lista de Marcos Valério. No início de fevereiro de 2003, o empresário ligou para Zilmar Fernandes, sócia de Duda, e informou que o dinheiro devido pelo PT começaria a ser pago. Valério então orientou Zilmar a ir à agência do Banco Rural em São Paulo, localizada na avenida Paulista, e procurar pelo tesoureiro do banco.

Na primeira vez em que foi ao Rural, acompanhada por seu motorista, Zilmar saiu de lá com 300 mil reais acondicionados numa pasta executiva. Dois dias depois, voltou ao Rural e pegou mais 300 mil. Fevereiro ainda não tinha acabado quando a empresária retornou ao banco para buscar outros 300 mil reais. Março foi um mês ruim, mas em abril Zilmar foi avisada pela diretora financeira da SMP&B que podia dirigir-se novamente ao Rural. Naquele mês, a sócia de Duda recebeu 250 mil reais. Outros 250 mil reais foram pagos em junho. No total, entre fevereiro e junho, Zilmar pegou 1,4 milhão de reais em espécie no Rural.

Parece muito dinheiro, mas para Duda era pouco. A quantia não significava nem 10% do que o PT devia ao publicitário. Como Zilmar não podia gastar seu tempo transportando dinheiro, foi preciso turbinar o esquema de pagamentos. A saída encontrada foi transferir os recursos diretamente para uma conta de Duda no exterior.

O publicitário já tinha experiência no ofício. O primeiro passo foi criar uma *offshore* nas Ilhas Cayman, batizada de Dusseldorf, por meio da qual Duda poderia movimentar a quantia que quisesse sem que seu nome aparecesse. No passo seguinte, a Dusseldorf abriu uma conta bancária em Miami (número 10.012.877), no BankBoston International. Agora sim, tudo pronto, era hora de fazer a máquina de dinheiro girar novamente.

Se Duda Mendonça não queria deixar rastros, Marcos Valério muito menos. Por meio de uma série de transações no exterior, complexas e obscuras, Duda recebeu em dólares o equivalente a 10,5 milhões de reais. As remessas foram feitas pelo sistema de cabo em transações coordenadas por doleiros experientes, como Jader Kalid Antônio, baseado em Belo Horizonte. Antes de cair na conta da Dusseldorf, o dinheiro passava por três camadas de intermediários. Participavam da corrente ao menos 14 instituições bancárias e *offshores* instaladas em Nova York, Miami, Bahamas e Ilha da Madeira. Três delas eram ligadas ao Rural — Banco Rural Europa, Rural International Bank e Trade Link Bank. As outras eram Israel Discount Bank of New York, Kanton Business Corporation, Bac Florida Bank,

O OPERADOR

Deal Financial Corporation, Radial Enterprise, Standard Chartered, Fleet National Bank, SM Comex, SM Incorporation, BankBoston National Association e Wachovia Bank. Nenhum órgão fiscalizador do Brasil interceptou as transações.

Ao utilizar Marcos Valério para pagar Duda Mendonça no exterior, o PT acabou repetindo o trajeto de PC Farias. Afinal, a *offshore* Trade Link Bank, que abasteceu a conta da Duda em Miami, era a mesma que, dez anos antes, fora usada pelo tesoureiro de Collor para movimentar seu dinheiro sujo na Suíça. A metamorfose do PT estava quase completa. A transmutação seria finalizada com o passo seguinte, quando o partido se esbaldaria no jogo da corrupção, ativa e passiva. De água pura, não restava mais quase nada ao PT.

* * *

Em dezembro de 2002, véspera de Lula assumir a Presidência da República, Marcos Valério chamou a diretora financeira da SMP&B para uma conversa. Sem muitos rodeios, o empresário pediu a ela que, a partir do mês seguinte, assumisse uma nova tarefa. Como o próprio Valério definiu, tratava-se de "um trabalho diferente". Depois dos *motoboys* e do policial David, era a vez de a morena Simone Vasconcelos, 45 anos, carregar maletas de dinheiro.

Formada em administração de empresas e casada com um executivo bem-sucedido, Simone não se encaixava no grupo dos que precisavam fazer qualquer coisa para sobreviver. O que a movia era o desejo de ascensão profissional. Em 1998, depois de trabalhar 15 anos no governo de Minas, ela abandonara o emprego estável e tranqüilo para aderir à equipe da campanha à reeleição do governador Eduardo Azeredo. Após a derrota do tucano, fora indicada pelo tesoureiro do

PSDB mineiro para trabalhar com Marcos Valério. Na SMP&B, Simone era a chefe do "porão", como era conhecida a diretoria financeira da agência, por estar localizada no sétimo andar de um prédio, enquanto o resto da empresa funcionava no oitavo.

Na agência, a diretora chegou a ter uma retirada mensal de 13 mil reais. Excepcional para os padrões de Minas, o salário implicava uma boa dose de cumplicidade com o patrão. Simone era uma espécie de auxiliar do operador. Cabia a ela, por exemplo, orientar sua assistente Geiza a preparar os cheques classificados como "Assunto PT-Marcos Valério". Contudo, a função de Simone no esquema era meramente burocrática. Seu lugar não era na sala, junto com os homens que cuidavam dos detalhes promíscuos do negócio. Ela ficava mesmo era na cozinha, literalmente. Uma vez, Marcos Valério teve de ir a São Paulo para uma reunião com Delúbio Soares na sede do PT. Aproveitou para levar Simone, a fim de introduzi-la ao esquema. Na catedral do Partido dos Trabalhadores, a diretora da SMP&B foi apresentada ao poderoso Delúbio. Na hora da reunião, entretanto, os homens entraram numa sala refrigerada e fecharam a porta. Simone teve de esperar na copa.

Depois da viagem a São Paulo, a diretora começou a ser enviada com freqüência a Brasília para o tal "trabalho diferente". Numa de suas primeiras missões, ela teve de levar 50 mil reais em espécie ao Hotel Blue Tree, onde Marcos Valério a esperava no hall. Noutra, sacou 50 mil reais para entregá-los ao chefe num shopping center da capital federal. Não demoraria para que Simone virasse alvo de fofoca entre funcionários da SMP&B. Diziam as línguas afiadas que a diretora voltava de Brasília com os dedos doendo de tanto contar dinheiro. Quando soube do que falavam dela na SMP&B, Simone negou o boato de forma peremptória. De fato, jamais alguém viu a funcionária de

Valério contando maços de notas. Mas uma coisa é verdade: ela carregava dinheiro a rodo.

Simone atuava na ponta final do esquema. Quando Delúbio Soares ligava para Marcos Valério e dizia que o parlamentar tal deveria receber uma quantia x em espécie, a diretora da SMP&B era enviada à capital federal para efetuar a transação. Por telefone, ela combinava diretamente com o parlamentar ou com seus assessores de que forma seria feito o pagamento. Nessas ocasiões, Simone montava sua base de operações na agência do Rural, estrategicamente localizada no nono andar do Brasília Shopping (sala 918, torre norte). O banco até cedeu uma salinha à diretora da SMP&B, a fim de que ela pudesse trabalhar com segurança e discrição.

Discrição, aliás, era a alma do negócio. Simone em geral se encontrava com os enviados de Delúbio em dia e horário previamente marcados para a entrega do dinheiro, evitando assim que um beneficiário visse o outro. Quando não podia estar presente, ela deixava a relação de beneficiários com o tesoureiro do Rural. Nessas oportunidades, os sacadores tinham apenas de apresentar um documento de identidade, que era xerocado, e assinar um recibo, para fins de comprovação da operação junto à SMP&B. Nos registros bancários, nenhum dos beneficiários jamais aparecia como sacador. O dinheiro era compensado como saque da SMP&B ou da própria Simone.

Um dos "clientes" assíduos de Simone no Rural era João Cláudio de Carvalho Genu, mais conhecido nos corredores do Congresso como *João Mercedão*. Natural de Belém, 110 quilos, 40 anos de idade, Genu era chefe-de-gabinete do líder do PP na Câmara, José Janene (PR). Ganhava cerca de 8 mil reais líquidos, mas conseguia fazer o milagre da multiplicação do dinheiro. Genu gostava de carros possantes, caros e de preferência importados (daí o apelido). Nos registros do

Detran, figurava como proprietário de um Honda Civic LX, um Honda Accord V 6 (ambos do ano), um Caravan Chrysler, um Passat e um Vectra Sedã. Era dono ainda de um apartamento de quatro suítes no Setor Sudoeste, avaliado em mais de 700 mil reais, e uma casa no exclusivo Setor Park Way.

Quem mandava Genu buscar a "encomenda" com Simone era o deputado José Janene, alvo de dez processos judiciais sob a acusação de envolvimento em esquemas de corrupção. Sob a orientação de Janene, *João Mercedão* chegou a pegar 300 mil reais de uma só vez com a diretora da SMP&B. Precavido, ele ia à agência do Rural levando consigo uma pasta tipo 007. Entregava a pasta vazia a Simone, assinava um recibo e então recebia de volta a valise, recheada com 3,5 quilos de notas de cem reais. Do banco, Genu seguia direto para o 17º andar do Senado Federal, onde entregava o dinheiro na tesouraria do partido. Nunca questionou seu chefe sobre a origem e o destino dos recursos.

Outro que com freqüência mandava um assessor ao encontro de Simone era o deputado federal e presidente do PL, Valdemar Costa Neto (SP). Como empresário, Valdemar tinha negócios nas áreas de extração de madeira e de minério, era dono de escolas, fazendas e de uma empresa de *free shops*. Em síntese, era um homem rico. Parlamentar com quatro mandatos consecutivos, seu feito político mais espetacular ocorrera no carnaval carioca de 1994, quando levou a modelo e sem-calcinha Lílian Ramos ao camarote do então presidente Itamar Franco.

Ainda na campanha presidencial de 2002, Valdemar acertara com a cúpula do PT um aporte de 10 milhões de reais ao PL. No início do ano seguinte, por ordens de Delúbio, o dinheiro começou a ser pago pelas mãos de Simone. O deputado evitava encontrar-se pessoalmente com a diretora da SMP&B. Preferia designar um assessor do partido para cumprir as missões no Banco Rural. Sua graça: Jacinto Lamas.

Bacharel em direito, servidor público havia 27 anos, Lamas era a encarnação do funcionário fiel. Via e fazia muitas coisas estranhas para o partido e nunca fora muito de perguntar as razões disso e daquilo. Seu silêncio era muito bem remunerado — Lamas ganhava 19 mil reais por mês. Ele era dono de uma casa no Lago Sul, de um apartamento na Asa Norte, de um Honda Accord e de um Land Rover Freelander. Seu patrimônio declarado beirava 1 milhão de reais.

Lamas se encontrou diversas vezes com Simone para pegar "encomendas" do PL, a maioria delas na agência do Rural no Brasília Shopping. O método de Lamas era um pouco diferente do de *Mercedão*. Quando ia ao banco, o assessor do Partido Liberal costumava levar uma sacola de presentes vazia dentro de sua pasta 007. Achava que o dinheiro estaria mais seguro numa reles sacola de butique do que numa valise de executivo. Dessa forma, chegou a sair do Rural com até 350 mil reais disfarçados em embrulho de presente (quatro quilos de dinheiro, no mínimo). Deixava o banco e na maioria das vezes seguia direto para a casa de Valdemar Costa Neto, no Lago Sul, a fim de entregar-lhe a "encomenda". Foram tantas as missões que, vez por outra, Jacinto teve de pedir a seu irmão Antônio Lamas que o substituísse. A dupla fez 14 viagens arrecadadoras para o PL e transportou um total 2,4 milhões de reais (quase 30 quilos em notas de cem reais).

No PL, quem também retirou recursos no Rural foi o deputado Carlos Rodrigues (RJ), bispo da Igreja Universal do Reino de Deus. No dia 30 de setembro de 2003, o parlamentar recebeu 250 mil reais, segundo os registros de Marcos Valério. Dois meses e meio depois, mandou um motorista ao banco apanhar mais 150 mil reais.

A FARRA

Simone não costumava tratar apenas com os assessores dos políticos. O deputado e presidente do PT na Bahia, Josias Gomes, por exemplo, foi pessoalmente à agência do Rural e ainda usou sua carteira parlamentar para identificar-se. Ele recebeu 50 mil reais no dia 11 de setembro de 2004 e mais 50 mil reais na semana seguinte. Outro que esteve no banco em carne, osso e brochinho de parlamentar na lapela foi o deputado João Magno (PT-MG). Esses, entretanto, foram casos excepcionais. A grande maioria evitou se expor. O presidente da Câmara dos Deputados, o petista João Paulo Cunha (SP), por exemplo, preferiu mandar a mulher buscar o dinheiro reservado a ele na agência do Rural. Márcia Regina Cunha esteve no banco no dia 15 de setembro de 2003 e apanhou 50 mil reais em espécie. Ainda no PT, o deputado federal e presidente do partido no Pará, Paulo Rocha, enviou uma assessora de sua confiança, Anita Leocádia Pereira da Costa, quatro vezes ao banco para receber um total de 420 mil reais.

O dinheiro corria tão solto no Rural de Brasília que, certa vez, um funcionário do banco pagou 200 mil reais à pessoa errada. O engano ocorreu quando um conhecido cliente do esquema apareceu na agência e pronunciou a senha mágica: "Vim pegar a encomenda". O tesoureiro do Rural, José Francisco de Almeida Rego, não teve dúvida. Devia tratar-se da pessoa que, conforme instruções passadas por Simone, viria buscar 200 mil reais em espécie. José Francisco teve a conduta de praxe: tirou cópia da identidade, anexou-a ao documento que autorizava o resgate e entregou os 200 mil reais ao sujeito. No final do dia, quando o erro foi descoberto, o próprio Marcos Valério ligou para o tesoureiro do Rural. "Chico, eu não quero saber, você vai ter de se virar", pressionou o empresário. Para sorte de José Francisco, houve como reparar o erro, e o dinheiro foi recuperado.

O OPERADOR

Coisas estranhas aconteciam na agência do Rural no Brasília Shopping. Houve uma ocasião em que um deputado federal foi à agência para receber recursos prometidos pelo PT e armou uma quizumba. Motivo da confusão: o parlamentar se recusava a assinar o recibo com o qual o banco comprovava à SMP&B que o pagamento tinha sido feito. Irritado, o deputado disse que não assinaria documento nenhum e ameaçou ir embora. Alcançada por telefone, Simone foi direto para a agência, a fim de resolver o problema. Resultado do qüiproquó: o cauteloso parlamentar levou seu jabaculê de 250 mil reais sem deixar suas digitais, que acabaram sendo substituídas pelas da prestimosa Simone. (Melhor para aquele do que para esta. Os recibos eram conservados no arquivo-morto do Rural, no município de Lagoa Santa, próximo a Belo Horizonte. Quando da eclosão do escândalo, em 2005, esses documentos seriam apreendidos pela Polícia Federal e se tornariam provas irrefutáveis de envolvimento no esquema operado por Marcos Valério.)

Simone não operava apenas na agência do Rural. Ela também fazia entregas de dinheiro nos hotéis cinco estrelas de Brasília onde costumava se hospedar. No Grand Bittar, na Asa Sul, Simone atendeu *João Mercedão* à porta de seu quarto e lhe entregou 200 mil reais. Já no Kubitschek Plaza e no Mercure, na Asa Norte, a diretora da SMP&B recebeu Jacinto Lamas em seus aposentos e lhe entregou envelopes pardos, tamanho grande, cheios de dinheiro.

Com o passar do tempo, o volume de recursos em espécie manejado por Simone cresceu tanto que ela começou a temer pela própria segurança. Certa vez, ela chegou a contratar o serviço de um carroforte para levar 650 mil reais do Banco Rural até a filial da SMP&B em Brasília, no Setor de Autarquias Sul. No hall do edifício, montou uma banquinha improvisada e fez entregas para diversas pessoas, entre elas

Jacinto Lamas e um assessor do então ministro dos Transportes, Anderson Adauto.

Era menos comum, mas Simone também pagava em Belo Horizonte. Em 2003 e 2004, a sede da SMP&B na Savassi recebeu visitantes ilustres que vinham atrás de dinheiro. O onipresente Jacinto Lamas passou por lá, assim como o tesoureiro do PT no Rio Grande do Sul, Marcelino Pies. Houve ocasiões em que o esquema pagou em São Paulo. No dia 23 de dezembro de 2003, um assessor do deputado Professor Luizinho (PT-SP) esteve na agência do Rural na avenida Paulista e apanhou 20 mil reais. E, em julho do ano seguinte, foi a vez do próprio Marcos Valério receber a assessora do deputado Paulo Rocha (PT-PA) num quarto de hotel em São Paulo e lhe entregar 200 mil reais.

* * *

Para viabilizar os pagamentos indicados por Delúbio Soares, o esquema de Valério não usou apenas a estrutura do Rural e os serviços "bancários" de Simone Vasconcelos. O empresário também se valeu de dois sofisticados sistemas de movimentação de recursos baseados na utilização de "laranjas". O objetivo de aprimorar as operações era um só: esconder o envolvimento dos que pagavam e dos que recebiam. No futuro, a idéia se mostraria um fracasso.

Em termos de volume de dinheiro, o principal escudo protetor de Marcos Valério era a Guaranhuns Empreendimentos, Intermediações e Participações (o nome talvez seja uma homenagem à terra natal do presidente Lula: Garanhuns, em Pernambuco). A empresa era enrolada. As duas uruguaias que a controlavam — Marta Otero Bergonzoni Dovat e Judith Viera Garola — eram investigadas na Argentina e nos

Estados Unidos por suposto envolvimento com o narcotráfico. Segundo denúncias, elas teriam lavado pelo menos 13 milhões de dólares para o Cartel Juárez, a principal organização criminosa do México. No Brasil, as uruguaias também atuavam de forma suspeita. Inicialmente, a Guaranhuns ficava baseada em Santana do Parnaíba, interior de São Paulo. Entretanto, onde deveria funcionar a empresa, de acordo com os registros oficiais, havia apenas um terreno baldio transformado em campo de futebol improvisado. Depois, a empresa foi legalmente transferida para um conjunto de salas no centro de São Paulo. O local, contudo, nunca foi de fato ocupado, permanecendo vazio e trancado.

O papel da Guaranhuns era intermediar a entrega de valores para o PL e para o presidente do partido, Valdemar Costa Neto. Para operar com Marcos Valério, a Guaranhuns abriu uma conta bancária exclusiva. Esta conta recebeu 61 cheques e duas transferências bancárias da SMP&B. (Um detalhe: a conta da Guaranhuns começou a ser abastecida por Valério antes mesmo de o empresário contrair os "empréstimos" para o PT, o que reforça a tese de que as operações de crédito teriam sido mesmo uma farsa para esconder a origem do dinheiro do partido. Quatorze dias antes de a SMP&B recorrer ao primeiro empréstimo, no BMG, a agência publicitária emitiu 1 milhão de reais em cheques para a Guaranhuns.) Entre fevereiro e agosto de 2003, a SMP&B transferiu 6.037.500 reais para a Guaranhuns. As transações eram realizadas semanalmente ou até mesmo diariamente. Nos dias 14, 15, 16 e 17 de fevereiro, por exemplo, Valério repassou à Guaranhuns um total de 237 mil reais. Ao bater na conta bancária da empresa, o dinheiro era imediatamente sacado. O diretor da Guaranhuns, José Carlos Batista, se encarregava de levar o dinheiro pessoalmente a Valdemar Costa Neto e a outros caciques do PL.

O sistema de dinheiro *delivery* montado por Marcos Valério incluía também a corretora paulistana Bônus-Banval. O trabalho da corretora era basicamente o mesmo da Guaranhuns. Em troca de uma comissão de 3% sobre o total movimentado, a Bônus-Banval recebia recursos das empresas de Valério e os repassava para pessoas indicadas por Delúbio Soares. Numa ocasião, funcionários da corretora levaram 750 mil reais (quase nove quilos de notas de cem) para o Diretório Estadual do PT no Rio de Janeiro. A Bônus-Banval foi portadora ainda de 120 mil reais para o PT do Distrito Federal, de 545 mil reais para o Diretório Nacional do partido, em São Paulo, de 900 mil reais para o PL e de 1,2 milhão de reais para o PP. Ao todo, em pouco mais de um mês, a corretora intermediou o repasse de 3,5 milhões de reais para o PT, faturando 105 mil reais de comissão.

Quando o PT precisou entregar 4 milhões de reais ao PTB, os esquemas com a Bônus-Banval e com a Guaranhuns não foram acionados. Marcos Valério acabou abandonando toda a sofisticação, preferindo ele mesmo entregar o dinheiro. Segundo o relato de duas testemunhas da operação — o presidente do PTB, Roberto Jefferson, e o tesoureiro informal do partido, Emerson Palmieri —, no primeiro *delivery* o empresário levou 2,2 milhões de reais à sede do PTB em Brasília. Para carregar os quase 26 quilos de notas de cem, usou uma mala. Na segunda entrega, Valério foi o portador de 1,8 milhão de reais (21 quilos). Em ambas as ocasiões, Jefferson e Palmieri espalharam o dinheiro em cima de uma mesa, contaram nota por nota e depois dividiram a bolada em conjuntos de 150 mil reais e 200 mil reais. O volume era tão grande que não coube inteiro no cofre da presidência do PTB, e acabou sendo, em parte, socado no fundo de um armário.

Somando os *deliveries* de Marcos Valério, as entregas intermediadas pela Bônus-Banval e pela Guaranhuns e os pagamentos efetuados na sede da SMP&B e nas agências do Rural em Brasília e São Paulo, o chamado *valerioduto* escoou 55,8 milhões de reais. Desse total, o PT ficou com pouco mais da metade: cerca de 29,2 milhões de reais. O PL levou 12,3 milhões de reais (22% do *valerioduto*); o PP, 7,8 milhões de reais (14%); o PTB, 4,35 milhões de reais (8%) e o PMDB, 2,1 milhões de reais (4%).

O quinhão petista no *valerioduto* desencravou unhas por todo o país. No Pará e em São Paulo, ajudou a pagar as contas de campanha dos aliados PSB e PC do B. Em outros vinte Estados (AM, RO, AP, RR, TO, MT, GO, CE, RN, PB, PE, AL, SE, BA, MG, ES, RJ, PR, SC e RS), cobriu despesas dos diretórios regionais do PT. Em 2004, parte do dinheiro (774 mil reais) reforçou a campanha à reeleição do prefeito de Belo Horizonte, o petista Fernando Pimentel. Outra parcela foi usada no mesmo ano para pagar Duda Mendonça, marqueteiro das milionárias campanhas petistas a prefeito de São Paulo, Belo Horizonte, Goiânia, Curitiba e Recife, onde foram realizados 280 showmícios. Sobrou dinheiro, e muito (500 mil reais), até para pagar o escritório de advocacia de Aristides Junqueira, ex-procurador-geral da República que fora responsável, no início da década de 1990, pelas denúncias criminais envolvendo o então presidente Fernando Collor de Mello. Em 2002, Aristides fora contratado pelo PT para atuar no caso da morte do prefeito de Santo André, Celso Daniel. O advogado foi receber seus honorários, em parcelas, a partir de outubro de 2003, por intermédio do esquema de Valério.

* * *

Sob os auspícios de Marcos Valério, durante um bom tempo a felicidade reinou no PT e nos partidos da base. O operador trabalhava dia e noite para conservar os sorrisos largos, os bolsos cheios e as votações no Congresso repletas de votos pró-governo. Na sede da SMP&B, Valério recebia parlamentares em romaria e impressionava a todos ao falar de dinheiro como se caísse do céu.

Enquanto o PT teve bala na agulha para confirmar o mantra de Marcos Valério, cenas explícitas de simbiose política tomaram conta do país. Surpreendiam pelo inusitado. O ministro José Dirceu (ex-exilado e ex-aprendiz de guerrilheiro treinado em Cuba) ganhou um relógio Rolex de presente de aniversário do então presidente nacional do PTB, José Carlos Martinez (ex-aliado de Fernando Collor e beneficiário dos recursos do esquema PC Farias). Doado ao programa Fome Zero para ser leiloado, o mimo deveria valer em torno de 6 mil reais, mas, para absoluta vergonha de Martinez, descobriu-se que era falso.

Meses depois, quando Martinez já havia morrido, vítima de um acidente aéreo, seu sucessor na presidência do PTB, o ex-collorido Roberto Jefferson, teve a honra de receber para um jantar em sua casa o presidente Lula e José Dirceu. Sentados num sofá vermelho-sangue, os convivas assistiram a uma miniapresentação de canto lírico oferecida pela professora de Jefferson, a soprano Denise Tavares. Repórteres fotográficos foram autorizados a registrar o encontro: Lula de terno cinza amarrotado, aparentando constrangimento, e Jefferson de preto e marrom, contendo o riso.

Como o destino do rio é correr para o mar, dezenas de parlamentares mudaram de partido, procurando abrigo na base do governo. Após o início do governo Lula, só no PTB, PL e PP, o número de deputados e senadores saltou de 101 para 154. Os votos dos neogovernistas, somados aos de parlamentares de esquerda e de parte do PMDB, garantiram ao Planalto a maioria das cadeiras no Congresso.

O OPERADOR

Maioria que aprovava ou deixava de aprovar os projetos de interesse do governo ao sabor dos ventos do *valerioduto*.

Em agosto de 2003, o Planalto enfrentou uma rebelião na base, que arriscava comprometer a agenda do governo no Congresso. Em setembro, contudo, as coisas já tinham se acalmado. Por coincidência, esse foi justamente o mês em que Simone Vasconcelos começou a fazer a farta distribuição de dinheiro na agência do Rural em Brasília. A maior prova de que o governo petista adotara o método "é dando que se recebe" pôde ser vista na votação da reforma tributária. O projeto foi aprovado em segundo turno na Câmara no dia 24 de setembro, mesmo dia em que *João Mercedão* recebeu 600 mil reais para o PP. Um dia antes, Jacinto Lamas tinha estado na agência do Rural, de onde saiu com uma sacola contendo 100 mil reais.

O *valerioduto* esteve presente em outros momentos importantes para o governo no Congresso. A Lei de Falências, por exemplo, foi aprovada no dia 15 de outubro de 2003, mesma data em que o PL e o PP receberam recursos das empresas de Marcos Valério. A máquina de transformar dinheiro em votos foi acionada novamente na votação da reforma da Previdência. O primeiro turno ocorreu no dia 27 de novembro de 2003. No mesmo dia, o PMDB foi agraciado com 200 mil reais. Nova votação foi realizada no dia 11 de dezembro. Na véspera, Lamas beliscara 100 mil reais para o PL.

Casos semelhantes aconteceram na prorrogação da cobrança da CPMF (o imposto do cheque), na votação do salário mínimo e da Proposta de Emenda Constitucional paralela, todos de interesse do governo. Curioso é que o PT, um partido supostamente de esquerda, pagava a partidos de centro e de direita para facilitar a aprovação de uma agenda liberal. A reforma da Previdência, por exemplo, projeto que acabou com a aposentadoria integral para servidores públicos e taxou os inativos, sempre fora combatida pelo PT. Acabou sendo aprovada justamente no governo Lula, e mesmo assim só depois de o governo amaciar parlamentares de direita e de centro com os carinhos do *valerioduto*.

Tem coisas realmente difíceis de explicar.

* * *

A fome da base aliada e a evolução das dívidas e dos gastos do PT eram muito superiores à capacidade que o partido tinha de levantar dinheiro. A verdade é que o Partido dos Trabalhadores estava virtualmente quebrado, mesmo tendo movimentado no biênio 2003-04, entre orçamento oficial e *valerioduto*, 136 milhões de reais, uma cifra com a qual o partido jamais sonhara. Só à empresa do vice-presidente José Alencar, a Coteminas, o PT devia 12 milhões de reais pelo fornecimento de 2,75 milhões de camisas para as campanhas municipais de 2004. Em relação ao PTB, os "compromissos políticos" atrasados somavam outros 16 milhões de reais. Roberto Jefferson já não escondia de ninguém que sua paciência chegava ao fim. Assim como o Rolex presenteado a José Dirceu, era falso o amor do PTB pelo PT. Para piorar a situação, alheia à bomba-relógio que ela própria armara, a cúpula do PT não parava de torrar caminhões de dinheiro que não existiam nem existiriam.

A mosca azul que picara o partido também o cegara. Só isso explica a certeza dos caciques petistas de que tudo terminaria bem. O equívoco, contudo, não demoraria a revelar-se.

CAPÍTULO 6

Luiz Inácio falou, Luiz Inácio avisou

Antes de perceberem o atoleiro em que haviam se metido, o PT e seus aliados se esbaldaram. Sobretudo Marcos Valério. Depois de fazer dinheiro brotar feito chuchu na horta petista, o empresário era tratado como gente de casa nas sedes do partido em São Paulo e Brasília. De tanto freqüentar o PT, Valério construiu uma poderosa relação com Delúbio. Por um bom período, andaram grudados. Marcos Valério chegou a se despencar de Belo Horizonte para Goiânia só para prestigiar o casamento do irmão do tesoureiro. Delúbio, em recíproca, gastou uma manhã de feriado (7 de setembro de 2004) para assistir à filha do empresário, Nathália, saltar a cavalo num torneio em São Paulo.

A dupla prometia. Marcos Valério era um entusiasta da idéia de fazer de Delúbio deputado federal pelo PT de Goiás. Já Delúbio era um entusiasta da idéia de entregar às agências de Marcos Valério o maior número possível de contas publicitárias do governo. Nesse negócio de mão dupla, o empresário vivia a alardear que o tesoureiro do PT era seu pistolão. Quando tratava de assuntos de seu interesse em órgãos do governo, como Secom e Banco Central, ele sempre dava um jeito de contar que andava ajudando (e muito) Delúbio e o partido. Dizia também que, se fosse o caso, o tesoureiro estava aí para confirmar. Mais de uma vez, Delúbio ligou para a Secom insistindo para que Marcos Valério fosse bem tratado nas suas visitas.

Com o aval de Delúbio, o operador se credenciou. No Palácio do Planalto, tinha acesso livre. Entre maio de 2003 e abril de 2005, Marcos Valério esteve sete vezes na Casa Civil. Em quatro dessas ocasiões, reuniu-se com Marcelo Sereno, chefe da assessoria especial do ministro José Dirceu e homem responsável por nomeações no governo e por decisões em fundos de pensão.

Além de Delúbio e de Sereno, o empresário tinha excelente trânsito com José Genoino e Sílvio Pereira — presidente e secretário-geral do partido, respectivamente — e com o deputado petista João Paulo Cunha, presidente da Câmara. Na sucessão de João Paulo, no início de 2005, ocorreu um fato que mostra toda a flexibilidade política de Marcos Valério. Por mais que se tentasse um consenso, dois deputados petistas — Luiz Eduardo Greenhalgh (SP) e Virgílio Guimarães (MG) — resolveram disputar a eleição para presidente da Câmara. Com quem Marcos Valério ficou? Com os dois. Por 190 mil reais, pagos pelo PT, duas empresas de Valério (Estratégia e Multiaction) fizeram toda a campanha de Greenhalgh. Por debaixo dos panos, entretanto, o empresário também ajudou seu conterrâneo Virgílio Guimarães a traçar o rumo de sua campanha, imaginando assim que, fosse quem fosse o escolhido, ele estaria bem com o futuro presidente da Câmara. Ferrou-se. Da confusão do PT, inflada pela cobiça de Marcos Valério, nasceu e floresceu a candidatura do azarão Severino Cavalcanti (PP-PE), um dos únicos integrantes da oposição a ganhar uma eleição para a presidência da Câmara em toda a história republicana.

Marcos Valério não queria nem saber. Tinha chegado ao PT para ficar. Se dessem espaço, estava disposto a brigar até por um naco da rapadura do publicitário Duda Mendonça. Em 2004, o empresário perturbou Delúbio, Genoino, João Paulo, Sílvio Pereira e Marcelo Sereno com a idéia de que ele, Marcos Valério, também deveria ser marqueteiro do partido. Acabou fazendo as campanhas eleitorais do PT às prefeituras de Petrópolis (RJ), Osasco (SP) e São Bernardo do Campo (SP). Nada, nada, era quase nada mesmo, comparado às cinco campanhas petistas em capitais — incluindo São Paulo — que Duda tocara naquele ano, ao preço de 25 milhões de reais.

O operador, contudo, sabia esperar sua hora. Seus inimigos gostavam de pintá-lo como arrogante e prepotente, mas isso não era verdade. Ao revés. No trato com a cúpula do PT e do governo, ele era humilde, quase servil. Enchia a paciência de tanto que telefonava e mandava mensagens por *e-mail*, mas, no saldo final, Valério se colocava mais à disposição para ajudar do que pedia favores. Para conseguir entrar na turma, ele chegara ao ponto de tentar adivinhar o que mais agradaria aos petistas. Quase sempre acabava imaginando coisas estranhas ao tradicional universo do PT: canetas Mont Blanc, jóias, bolsas Louis Vuitton, bebidas importadas, roupas Hugo Boss etc. E quase sempre acertava.

Em pelo menos duas ocasiões, Marcos Valério recorreu aos prazeres da carne para tentar agradar políticos e burocratas do PT e da base aliada. Como era de seu feitio, fez o serviço direitinho e agradou bastante. No dia 8 de setembro de 2003, o sócio de Valério na empresa Multiaction, Ricardo Machado, teve um almoço de negócios em Brasília com uma conhecida promotora de eventos a quem muitos políticos teimavam em chamar de cafetina. Jeany Mary Corner (nascida Jeany Gomes da Silva, no Crato, sertão do Ceará) trabalhava em Brasília havia 13 anos, fornecendo garotas — ou "recepcionistas", como gostava de dizer — para festas e eventos. Aos 43 anos, ela era um legítimo subproduto da redemocratização. Chegara à capital federal no mesmo dia da posse de Fernando Collor de Mello (15 de março de 1990) e, de lá para cá, prestara seus serviços para todos os governos e partidos. A exemplo de Marcos Valério, Jeany Mary Corner não fazia distinções ideológicas, desde que seus clientes pagassem em dia.

Jeany selecionava pessoalmente as meninas — beldades entre 18 e 22 anos. Gostava de brincar dizendo que seu filho Bruno fazia o *test-drive*. Na tabela de preços da promotora, as "recepcionistas" mais baratas custavam 500 reais (um tantinho de dinheiro que não chegava a pesar seis gramas). As mais caras, geralmente garotas que tinham saído em capas de revistas, podiam valer até 10 mil reais. A fama de Jeany era excelente, menos nos círculos femininos, obviamente. Com a chegada do PT ao poder, houve um episódio desagradável. Um ministro de Estado sugeriu a um amigo de Ribeirão Preto que contratasse uma das "recepcionistas" de Jeany chamada Carla. O sujeito foi, viu e no final se apaixonou. Resultado: largou a mulher e os filhos, brigou com o amigo e foi morar com a garota.

Jeany não foi sozinha ao almoço de negócios com o sócio de Marcos Valério no restaurante do hotel Grand Bittar. Estava acompanhada de oito funcionárias. Segundo Ricardo Machado contaria mais tarde, a função dele no almoço era observar o nível das meninas, os conhecimentos de etiqueta e a apresentação. Caso confirmasse a boa fama das "recepcionistas" de Jeany, Machado deveria então selecionar entre quatro e seis delas para uma festa patrocinada por Marcos Valério (o que o empresário nega de forma enérgica).

Que a festa aconteceu, isso é certo. E em alto estilo. No dia 9 de setembro, dia de pagamento no *valerioduto*, um grupo seleto de convidados ocupou todo o 15º andar do Grand Bittar, incluindo a suíte presidencial (apartamento 1.507), forrada de tapetes persas e com vista para a Esplanada dos Ministérios e a Praça dos Três Poderes. O hotel designou um ascensorista exclusivo para o convescote, que contou com bufê, *maître* e garçom. A brincadeira custou 10 mil reais, fora o cachê das meninas.

Ao que tudo indica, a comemoração agradou, já que dois meses depois Ricardo Machado organizou outra festa, só que bem maior. No dia 5 de novembro, o sócio de Valério reservou todas as 24 suítes do 14º, 15º e 16º andares do Grand Bittar para celebrar, com uma festa surpresa, o aniversário do secretário-geral do PT, Sílvio Pereira. (E bota surpresa nisso, já que *Silvinho* nascera no mês de maio.) O local foi decorado com motivos carnavalescos, e os cerca de quarenta convidados receberam máscaras na chegada. As meninas de Jeany também estavam lá.

A história oficial dá conta de que, antes de chegar ao Grand Bittar, Sílvio Pereira foi avisado do que corria por lá e também aconselhado a não ir, a fim de preservar sua reputação moral-político-partidária. Outros contam que, desavisado, *Silvinho* foi ao hotel atraído por Marcos Valério e deu de cara com o banquete crapuloso. O dirigente partidário teria então telefonado imediatamente para José Dirceu a fim de contar a surpresa que haviam lhe armado, ouvindo uma reprimenda do outro lado da linha. "Sai daí agora", teria dito o ministro. Tanto numa quanto noutra versão, *Silvinho* não teria provado dos frutos de Jeany, para infelicidade geral e irrestrita de Marcos Valério.

Em tempo: garotas à parte, o baile custou 17 mil reais.

* * *

Pode-se dizer que foi plenamente alcançado um dos objetivos perseguidos por Marcos Valério quando da sua aproximação com o PT. O empresário conseguiu renovar — por prorrogação, sem concorrência — três importantes contratos de publicidade que suas empresas tinham ganhado no governo FHC: Ministério do Trabalho, Ministério dos Esportes e Eletronorte. Outra conta publicitária dos tempos de Fernando Henrique, a do Banco do Brasil, também foi conservada, mas por intermédio de uma nova licitação. Além de manter e turbinar suas quatro contas antigas, Valério conseguiu fechar dois novos contratos: Correios e Câmara dos Deputados, cujas concorrências foram ganhas pela SMP&B.

Para levar a conta publicitária da Câmara, Valério jogou bem e jogou pesado. Começou por escolher o alvo certo: o deputado petista João Paulo Cunha.

Nascido numa família humilde de Caraguatatuba, litoral norte de São Paulo, João Paulo tinha sido operário, organizador de movimentos sem-teto e militante de grupos de defesa dos direitos humanos. Filiara-se ao PT com 23 anos de idade e aos 24 já tinha conquistado uma cadeira de vereador em Osasco, sua base política. Daí em diante, sua ascensão foi rápida. Galgou inúmeros postos de comando no partido, elegeu-se deputado estadual e, em 1994, aos 36 anos de idade, venceu sua primeira eleição para deputado federal.

Com seus óculos redondos, suas calças *jeans* surradas e seu jeito de padre, João Paulo se tornou uma figura popular no Congresso. Em junho de 1995, apareceu na mídia nacional pela primeira vez, e no papel de mocinho. Na ocasião, subiu à tribuna da Câmara para protestar contra a censura imposta à banda Paralamas do Sucesso, impedida de tocar a música *Trezentos picaretas* num *show* realizado dias antes em Brasília. Diante de um plenário extasiado, João Paulo leu na íntegra a letra da música, contrariando a Procuradoria Parlamentar, que havia pedido a censura à Justiça, e também muitos de seus pares. Composta por Herbert Vianna, a música tinha, como refrão, uma frase

nada lisonjeira de Lula, dita em tempos outros, sobre os integrantes
do Congresso:

Luiz Inácio falou, Luiz Inácio avisou
São trezentos picaretas com anel de doutor

Eles ficaram ofendidos com a afirmação
Que reflete na verdade o sentimento da nação
É *lobby*, é conchavo, é propina e jetom
Variações do mesmo tema sem sair do tom
Brasília é uma ilha, eu falo porque eu sei
Uma cidade que fabrica sua própria lei
Onde se vive mais ou menos como na Disneylândia
Se essa palhaçada fosse na Cinelândia
Ia juntar muita gente pra pegar na saída

Pra fazer justiça uma vez na vida
Eu me vali deste discurso panfletário
Mas a minha burrice faz aniversário
Ao permitir que num país como o Brasil
Ainda se obrigue a votar por qualquer trocado
Por um par de sapatos, um saco de farinha
A nossa imensa massa de iletrados
Parabéns, coronéis, vocês venceram outra vez
O congresso continua a serviço de vocês
Papai, quando eu crescer, quero ser anão
Pra roubar, renunciar, voltar na próxima eleição
Se eu fosse dizer nomes, a canção era pequena
João Alves, Genebaldo, Humberto Lucena
De exemplo em exemplo, aprendemos a lição

Ladrão que ajuda ladrão ainda recebe concessão
De rádio FM e de televisão
Rádio FM e televisão

Luiz Inácio falou, Luiz Inácio avisou
São trezentos picaretas com anel de doutor

No início de 2003, quando iniciava seu terceiro mandato na Câmara e já tinha aposentado as calças *jeans* como roupa de trabalho, João Paulo entrou na mira de Marcos Valério. O abate foi calculado para ocorrer em nove lances:

- Fevereiro — No segundo mês do governo Lula, a troco de quase nada, o empresário se ofereceu para fazer a campanha de João Paulo à presidência da Câmara. Acolhida a generosidade com grande alegria, Valério e seus funcionários trabalharam feito doidos para ajudar o deputado a se tornar o segundo homem na linha de sucessão presidencial. Tendo o presidente Lula como padrinho político e Marcos Valério como motor de popa, João Paulo venceu fácil a disputa;
- Abril — A fim de facilitar seu acesso ao sempre ocupado presidente da Câmara, o empresário presenteava a secretária particular de João Paulo, Silvana Japiassu, com passagens aéreas e hospedagem de três dias no Rio, para ela e para a filha de 13 anos;
- Junho — Marcos Valério enviou a João Paulo uma caneta Mont Blanc de presente de aniversário, avaliada em mais de mil reais. O empresário tomou o cuidado de recomendar ao portador que só entregasse o mimo num encontro privado, fora do Congresso. Numa postura diversa à de outros petistas que haviam doado ao

programa Fome Zero presentes recebidos de Valério, o presidente da Câmara ficou com a caneta. Mais tarde, João Paulo ganharia outro presente do empresário: um belo oratório mineiro;

- 3 de setembro — João Paulo recebeu o operador para um café da manhã na residência oficial da presidência da Câmara;
- 4 de setembro — No dia seguinte, João Paulo enviou sua mulher, a jornalista Márcia Regina Milanesi Cunha, à agência do Banco Rural em Brasília para recolher uma "encomenda" de 50 mil reais deixada por Simone Vasconcelos;
- 15 de setembro — Onze dias depois do saque, a Câmara lançou um edital de licitação para contratar uma nova agência de publicidade;
- 20 de outubro — Valério, João Paulo, Delúbio e Sílvio Pereira se reuniram no hotel Grand Mercure, em São Paulo, em volta de uma mesa de café da manhã;
- 31 de outubro — A SMP&B apresentou sua proposta na concorrência da Câmara;
- 31 de dezembro — Escolhida como vencedora da licitação da Câmara, a agência de Marcos Valério assinou um contrato de prestação de serviços de 9 milhões de reais.

A confusão entre o público e o privado não acabou aí. Paga pela Câmara, a SMP&B se tornou na prática mais uma ferramenta para alavancar a pré-candidatura de João Paulo ao governo paulista. A agência chegou a intermediar para a Câmara a contratação de um instituto de pesquisas de opinião para aferir a imagem da Casa. Mas, no questionário de perguntas, acabou metendo o seguinte contrabando eleitoral: "De uma maneira geral, você tem uma opinião positiva ou negativa sobre João Paulo Cunha?" A SMP&B também usou 252 mil

O OPERADOR

reais da verba da Câmara para pagar a assessoria de comunicação responsável pelo planejamento da pré-campanha de João Paulo ao governo paulista.

Em dezembro de 2004, o contrato entre a Câmara e a SMP&B foi prorrogado por mais um ano, sem licitação. O que era para render 9 milhões de reais à agência de Marcos Valério acabou gerando um faturamento de 21,9 milhões, um acréscimo de 143% sobre o orçamento inicial.

Bem que Luiz Inácio tinha avisado.

* * *

À medida que as empresas de Marcos Valério se agigantavam, também deixavam para trás um rastro de irregularidades e falcatruas. A Previdência e a Receita Federal tinham pelo menos nove processos contra a DNA, alegando o não-recolhimento de mais de 9 milhões de reais em tributos. Na sua defesa, a agência contestava as acusações, afirmando que estava sendo vítima de bitributação.

A Justiça, por sua vez, também pegava no pé da DNA. Em setembro de 2005, o Tribunal Regional Federal em Minas confirmou uma sentença de primeira instância que condenara Marcos Valério e sócios a dois anos e onze meses de reclusão. Motivo: sonegação de contribuição previdenciária. Segundo o Ministério Público Federal, a DNA teria usado de "expedientes escusos diversos" para evitar o pagamento de contribuições sociais. A sentença acabou sendo convertida em prestação de serviços. Quando este livro foi para o prelo, Valério ainda lutava com um recurso no Superior Tribunal de Justiça.

Com o tempo, a vida de Marcos Valério seria transformada num calvário de recursos e contestações. Em 2005, as empresas do empresário sofreram uma devassa inédita por parte da Polícia Federal. O processo foi deflagrado em agosto, por iniciativa de Luís Flávio Zampronha, o jovem delegado da PF que viria a ser ao mesmo tempo cruz e caldeirinha de Valério. Naquele mês, Zampronha enviou o ofício 314/05 ao Instituto Nacional de Criminalística (INC), braço técnico da Polícia Federal, solicitando uma análise na contabilidade da SMP&B e da DNA. O INC agiu rápido. Embarcou dois peritos criminais para Minas (Leonardo Vergara e Evaldo Oliveira de Assis) e deixou outros dois em Brasília só por conta do caso (Nelson Pires Locateli e Ramon Crespo Carrilho Machado). Mesmo a distância, o quarteto trabalhou em sintonia. Enquanto a dupla enviada a Minas varejava bancos, órgãos públicos, gráficas e empresas de Valério em três cidades diferentes (Belo Horizonte, Rio Acima e Catas Altas), seus colegas da capital federal seguiam por outra vertente, montando no computador planilhas do programa Excell e debruçando-se sobre duas caixas de papelão repletas de documentos. Quando as duplas voltaram a se unir, haviam juntado uma pequena montanha de extratos bancários, papéis da SMP&B e da DNA, documentos de prefeituras, notas fiscais e livros contábeis. Com a ajuda do Excell, organizaram números, datas e informações e os cotejaram com dados contidos nos computadores das agências de Valério apreendidos pela PF. A cereja do bolo do INC era a reprodução do sistema contábil da DNA, carregado num programa chamado Enterprise Microuni.

Depois de quase três meses de trabalho, os peritos criminais do INC se sentaram para redigir o laudo 3.058/05. Nas suas 74 páginas, entre conclusões e anexos, o relatório descrevia uma série de crimes supostamente cometidos pelas empresas de Marcos Valério. A começar pela acusação de que, juntas, a SMP&B e DNA haviam imprimido 80 mil notas fiscais falsas, tendo emitido dezenas de milhares delas. Só três das notas fiscais falsas, com datas de 2003 e 2004, somavam 64,7 milhões de reais. Para montar a "fraude", como definiram os peritos, as agências de Valério falsificaram carimbos oficiais e assinaturas de funcionários públicos. A lista de delitos prosseguia. Na contabilidade da DNA, segundo o laudo, os fraudadores "manipularam, falsificaram e alteraram registros e documentos". Também "omitiram milhares de transações nos registros contábeis, realizaram registros de transações sem comprovação ou as simularam e aplicaram práticas contábeis indevidas". Como se já não estivesse encrencada o bastante, a DNA forneceu dados à Polícia Federal que, segundo os peritos, tinham por finalidade "induzir as autoridades ao erro".

A DNA negou qualquer irregularidade, declarando que todas as acusações podiam ser rebatidas. O caso seria incorporado à longa série de pendengas de Marcos Valério na Justiça, apesar do fato de que formalmente o empresário não tinha nada a ver com o enrosco. Quem ficou mal na história foi o contador da DNA, Marco Aurélio Prata, e dois dos controladores formais da agência: Francisco Castilho e Renilda Maria Fernandes de Souza. Ao usar a própria mulher como testa-de-ferro, Valério levou os peritos do INC e o obsessivo delegado Zampronha para dentro de sua casa.

* * *

Marcos Valério também aproveitou seu bom posicionamento no PT para tentar ajudar seus velhos amigos banqueiros. Em julho de 2003, dois meses depois de o Rural "emprestar" 19 milhões de reais ao partido, o operador levou o vice-presidente do banco, José Augusto Dumont, à sede do PT em Brasília para um encontro com Delúbio

Soares. Começava mais um cerca-lourenço de Valério a envolver interesses que batiam à casa do bilhão de reais.

O empresário tentava abrir as portas da felicidade para o Rural (e para ele próprio) em pelo menos três projetos. Um deles — a suspensão da liquidação do Banco Mercantil de Pernambuco — dependia sobretudo do Palácio do Planalto e do Banco Central. Se conseguisse convencer o governo a atender seu pleito, o Rural poderia ter um ganho de cerca de 550 milhões de reais com o negócio (calcula-se no mercado que Valério levaria uma comissão de 20%, ou seja 110 milhões de reais). O problema era que a área técnica do BC rejeitava a idéia de tirar o Mercantil de Pernambuco da UTI para entregá-lo de bandeja ao Rural. Segundo os técnicos, antes de patrocinar a farra alheia, o Banco Central deveria cobrar, com juros, cada centavo que pusera no Mercantil de Pernambuco. Se isso fosse feito de forma rigorosa, os tais 550 milhões de reais poderiam simplesmente virar pó.

Só com muita lábia e muito *lobby* a divergência entre o Rural e a área técnica do BC seria decidida em favor do primeiro. Foi justamente para desequilibrar a balança a seu favor que o Rural acionou seu "facilitador".

Feita a aproximação entre José Augusto e Delúbio, em julho, era hora de elevar o tom da discussão. Marcos Valério tratou então de mexer seus pauzinhos e pistolões para conseguir que o vice-presidente e a presidente do Rural, Kátia Rabello, fossem recebidos pelo ministro José Dirceu no Palácio do Planalto. Foi fácil. No dia 6 de agosto (37 dias antes de o Rural "emprestar" mais 10 milhões de reais ao PT), Kátia e José Augusto foram ao gabinete de Dirceu e "posicionaram" o ministro sobre os interesses do Rural no Mercantil de Pernambuco. Dirceu ouviu atento, não disse que sim nem que não, mas o importante era que o recado estava dado.

O OPERADOR

Amarrada a coisa por cima, Valério saiu a campo a operar por baixo. Entre novembro de 2003 e fevereiro de 2004, o empresário esteve seis vezes no Banco Central (durante o governo Lula, seriam 17 vezes ao todo). Valério não falava com qualquer um. Ora se reunia com o diretor de Fiscalização, Paulo César Cavalheiro, ora com o diretor de Liquidação, Gustavo do Vale. Houve vezes em que Marcos Valério foi sozinho ao Banco Central, houve vezes em que levou José Augusto Dumont consigo e houve pelo menos uma vez em que esteve lá acompanhado do deputado petista Virgílio Guimarães. Em mais de uma oportunidade, viajou de BH a Brasília no avião do Rural. Entre um *lobby* e outro no BC, Marcos Valério achou brechas para encaminhar outras duas reivindicações: a criação do Banco do Trabalhador (interesse do Rural) e a suspensão da liquidação do Banco Econômico (interesse do banqueiro baiano Ângelo Calmon de Sá).

O tempo foi passando, o *valerioduto* continuou pagando, mas nada de o governo ceder às vontades do Rural. Marcos Valério não se abalou. Entre agosto de 2003 e junho de 2005, um total de 28 telefonemas foi disparado da SMP&B para o Banco Central. A operação de Valério não foi interrompida nem com a morte do seu amigo José Augusto Dumont, ocorrida num acidente de carro em abril de 2004. Com Delúbio a tiracolo, o empresário foi ao enterro do banqueiro para se despedir do velho parceiro que lhe concedera "empréstimos" de 64 milhões reais (9 milhões de reais para o PSDB e 55 milhões para o PT).

Com a morte do principal executivo do Rural e mentor das transações tarja preta da instituição, a ex-bailarina Kátia Rabello assumiu de vez o pesado banco fundado por seu pai, Sabino Rabello. Presidente e herdeira do banco, era ela quem dava as cartas agora. Sem dominar, nem de longe, as complexidades do mercado financeiro, mas com presença e charme de sobra, Kátia deu continuidade ao projeto de dominar o Mercantil de Pernambuco. Contou, mais uma vez, com a ajuda de Marcos Valério.

Primeiro, Valério levou Delúbio Soares para conversar com Kátia. Depois, em meados de 2004, o operador conseguiu fazer com que José Dirceu se abalasse de Brasília a Belo Horizonte para jantar com a presidente do Rural. O encontro ocorreu no Ouro Minas, hotel cinco estrelas da capital mineira. Durante mais de duas horas, o ministro esteve sentado diante de uma dívida de 32,4 milhões de reais. Talvez temendo alguma indireta, José Dirceu falou sem parar, discorrendo sobre projetos do governo e os rumos da economia e do país. Foi difícil trazê-lo para a terra, mas, levado por Kátia, o terceiro convidado do jantar estava ali justamente para isso. Aproveitando uma brecha, o diretor de assuntos fiscais e contábeis do Rural, Plauto Gouvêa, pediu licença para "reposicionar" o ministro sobre os interesses do banco no Mercantil de Pernambuco. José Dirceu fez cara de valete de paus, não disse que sim nem que não e voltou ao seu discurso de palanque. Para sua sorte, o jantar não demorou a acabar.

O Rural nunca se deu por vencido. Marcos Valério muito menos. O operador continuou a freqüentar o Banco Central e a fazer seu *lobby* até às vésperas de a bomba explodir em seu colo, quando sonhos, projetos e muita grana foram definitivamente soterrados.

* * *

Entre uma tacada e outra no circuito Dirceu-Delúbio-BC, Marcos Valério ainda arranjou um jeito de marcar uma reunião do fundador e controlador do Rural com o ministro-chefe da Casa Civil. Dessa vez o assunto não era o Mercantil de Pernambuco. O velho Sabino estava interessado em outro negócio: extrair nióbio numas terras que comprara no interior do Amazonas, quase no fim do Brasil. Parecia coisa de doido, e era mesmo. Mas era também uma jogada de mestre.

Aos 82 anos de idade, Sabino enxergava o futuro. E, ao que tudo indicava, no futuro o mundo precisaria de enormes quantidades daquele elemento metálico cinza brilhante, que, em associação com a columbita e o tantálio, brotava da terra em grandes porções, mas em raríssimos veios. Dúctil, o nióbio é ao mesmo tempo resistente, leve e maleável. Pode ser batido, comprimido, estirado e não se parte. Suas propriedades são cada vez mais valorizadas pelos cientistas e inventores. As naves espaciais, por exemplo, são revestidas com uma capa protetora de nióbio. Em um par de décadas o metal seria quase tão popular quanto o aço e o cobre. Sabino não só sabia disso como comprara uma fazenda fincada numa montanha de nióbio. Estudos indicavam que a região de Seis Lagos, próxima de onde ficava a propriedade, tinha reservas para abastecer o mundo com o metal por cerca de 1.200 anos. Levando-se em conta que havia no planeta pouquíssimos fornecedores de nióbio e que o preço do produto tendia a subir em escala geométrica, o fundador da Tratex e do Banco Rural tinha descoberto mais uma maneira de multiplicar a fortuna da família Rabello.

Mas, como quase todos os projetos do grupo, o plano tinha um porém: para extrair o nióbio, era preciso uma concessão pública. Ainda nos tempos de FHC, o governo chegara a se movimentar no sentido de fazer um leilão para vender uma autorização de extração de nióbio na Amazônia. Sabino se animou. A previsão era que o lance vencedor ficasse em torno de 600 mil reais, uma ninharia perto do que a mina poderia render. Mas o governo tucano acabou desistindo do negócio, atendendo a pressões de grande produtores, que queriam manter a exclusividade do clubinho do nióbio. E assim Sabino viu seu plano desabar.

Pois não é que, quase dez anos depois, Marcos Valério colocou o velho Sabino cara a cara com José Dirceu para tratar do assunto? E ainda foi junto, carregando Cristiano Paz? Na reunião, ocorrida no Palácio do Planalto, Sabino falou de seu sonho, entregou uma pasta de documentos para José Dirceu e pediu ao ministro que olhasse o caso com carinho. Como de costume, Dirceu não disse que sim nem que não, talvez, quem sabe. Ao final do encontro, despediram-se com a promessa de continuar a conversa numa outra oportunidade.

Sabino não teve tempo de esperar pela resposta. Morreu pouco tempo depois daquela reunião, em janeiro de 2005 (cinco meses antes do estouro do escândalo que jogaria no ralo o nome de seu banco, já bastante machucado por antigas operações). Com Sabino, desapareceu um projeto que poderia ter rendido mais nióbio para o mundo e a abastança de gerações e gerações dos Rabello. E também mais uma comissão para Marcos Valério.

* * *

No mercado do *lobby*, Marcos Valério jogava tanto no ataque quanto na defesa. E em ambas as posições era craque. Em meados de 2004 — enquanto negociava "empréstimos" bancários para o PT, pilotava o *valerioduto*, atendia contas publicitárias do governo e da Câmara e ainda fazia *lobby* para bancos —, Valério encontrou tempo para desarmar uma bomba-relógio.

Um ano antes, o Congresso instalara uma CPI para investigar um megaesquema de evasão de divisas e lavagem de dinheiro, que retirara do Brasil cerca de 20 bilhões de dólares em apenas cinco anos (1997 a 2002). O dinheiro era enviado da agência do Banestado em Foz do Iguaçu, no Paraná, para uma agência do mesmo banco em Nova York.

O OPERADOR

A transação era feita por doleiros brasileiros, que se escondiam atrás de empresas de fachada sediadas no exterior, como a Beacon Hill. Detentora de dados bancários cabeludos, obtidos por procuradores e policiais do Brasil e dos Estados Unidos, a CPI do Banestado tinha o potencial destrutivo de uma hecatombe. Centenas de políticos e grandes empresas haviam usado a lavanderia do Banestado, e não seria tarefa fácil explicar o motivo daquelas movimentações milionárias. Entre os que poderiam ser colocados em situação constrangedora estavam Marcos Valério e o Banco Rural.

Um laudo preparado pela Polícia Federal apontou que o Rural chegara a controlar quatro contas na agência do Banestado em Nova York. Por meio dessas contas, teriam saído 4,38 bilhões de dólares do Brasil, segundo a PF. Já as empresas de Valério teriam usado o escoadouro do Banestado para transferir ao menos 750 mil dólares para o exterior.

A CPI do Banestado poderia fisgar Valério e o Rural. Poderia ir além, descortinando um dos elos financeiros que uniam o operador ao banco: o empresário Haroldo Bicalho. Mineiro de Belo Horizonte, Haroldo era formado em administração, engenharia mecânica e aeronáutica. Tinha seis pós-graduações no seu currículo. Na praça de BH, era mais conhecido como doleiro. Haroldo sempre negou ligação com a atividade, porém nunca conseguiu explicar de forma satisfatória por que uma cópia de seu passaporte e o número de seu telefone celular foram encontrados entre documentos da Lonton, o braço mineiro da Beacon Hill, responsável pela remessa de 61,3 milhões de dólares para fora do país. O empresário também teve dificuldades em esclarecer os motivos pelos quais ligava e recebia telefonemas da Beacon Hill, em Nova York. Por mais que jurasse nunca ter trabalhado com dólar e conhecer a Lonton e a Beacon Hill, Haroldo Bicalho foi preso em 2004, no rastro da Operação Farol da Colina (tradução de Beacon Hill), encabeçada pela Polícia Federal, Receita Federal e pelo Ministério Público. Depois de passar uns dias vendo o sol nascer quadrado junto com 61 doleiros, Haroldo deixou a prisão, mas continuou na mira dos investigadores do Banestado.

Se cruzasse os dados de Haroldo Bicalho, do Banco Rural e de Marcos Valério, a CPI do Banestado poderia chegar a um cômodo vazio, de três metros por três, na pequenina cidade de Alfredo Vasconcelos, em Minas. Ainda que o entulho juntado na porta e a espessa camada de poeira no chão indicassem o contrário, ali funcionava, para efeitos legais, a RS Empreendimentos e Participações. Era possível que entre os 5 mil habitantes de Alfredo Vasconcelos não houvesse um que soubesse o ramo de atividade da RS. O máximo que podiam saber era que, duas vezes por mês, um homem abria o cômodo, recolhia a correspondência e ia embora.

De acordo com os dados da Junta Comercial de Minas, a empresa fazia "serviços na área de informática" e prestava "assessoria comercial, administrativa e financeira" no Brasil e no exterior. Tinha capital social de 8 milhões de reais e lucro anual de cerca de 2 milhões de reais. No rol de sócios, figuravam Haroldo Bicalho e a Rural Seguradora, empresa do grupo do Banco Rural. Ainda de acordo com os registros legais, os sócios da RS não costumavam prestigiar Alfredo Vasconcelos com suas presenças. Preferiam realizar as assembléias gerais da empresa na sede do Banco Rural em Belo Horizonte, na rua Rio de Janeiro número 927. Em abril de 2004, quem dirigiu a assembléia da RS foi Kátia Rabello, presidente do Rural. Na ocasião, Haroldo Bicalho esteve presente.

A liga que unia Marcos Valério à RS (leia-se Banco Rural e Haroldo Bicalho) era feita de dólares. Segundo dados em poder do Ministério da Justiça, Valério usara a RS para enviar dinheiro ao Panamá. Os recursos teriam saído da 2S Participações (empresa de Valério aberta em nome de "laranjas"), passado pela corretora Bônus-Banval, entrado na RS e de lá seguido para o Panamá. A inclusão da Bônus-Banval na rede de intermediários despertaria profundas suspeitas de que o dinheiro retirado do Brasil por meio da RS seria referente a pagamentos do *valerioduto* no exterior.

Juntando tudo (*valerioduto*, Rural, Haroldo Bicalho, evasão de divisas e lavagem de dinheiro), o resultado poderia ser devastador. Contudo, Marcos Valério já tinha imaginado um modo de sair daquela enrascada e, de lambuja, livrar a cara de seus parceiros. A chave do sucesso estava no deputado petista José Mentor.

Advogado de formação e político por vocação, Mentor era uma estrela em ascensão no PT. Fora deputado estadual em São Paulo e líder da prefeita petista Marta Suplicy na Câmara de Vereadores da capital. Em 2002, Mentor tinha conseguido eleger-se deputado federal com impressionantes 182.955 votos (15º mais votado no estado). No ano seguinte, com a bênção do Palácio do Planalto, fora indicado relator da CPI do Banestado, sua missão mais importante até então. Mentor tinha tudo para fazer da comissão parlamentar de inquérito um trampolim para vôos políticos mais longos. Acabou, contudo, no maior enrosco de sua vida.

Cinco meses após assumir a relatoria da CPI, o deputado teve um encontro com Marcos Valério, um dos investigados pela CPI. Segundo contam Mentor e Valério, a conversa girou em torno de campanhas eleitorais do PT no interior de São Paulo. O papo rendeu, pois ambos tornaram a se encontrar, mais de uma vez.

Em maio do ano seguinte, o escritório de Mentor (José Mentor, Perera Mello e Souza Advogados Associados) acabou sendo contratado pela Tolentino & Melo Assessoria Empresarial, empresa que tinha

Marcos Valério entre os sócios. O objetivo do contrato era a realização de "estudos jurídicos". A remuneração era 120 mil reais. Naquele mesmo mês, quando Mentor ainda comandava a relatoria da CPI do Banestado, o primeiro cheque da empresa de Valério, de 60 mil reais, pousou na conta da firma do deputado. Os 60 mil reais restantes foram pagos dois meses depois, com o cheque número 830.091, da 2S Participações — justamente a empresa de Marcos Valério que usara a RS para fazer remessas de dinheiro ao exterior. Com sua inconfundível série de ondinhas, a assinatura de Valério estava no cheque depositado na conta bancária da empresa de Mentor.

Cinco meses depois, a CPI do Banestado acabou de forma melancólica. Disputas entre o PT e o PSDB inviabilizaram os trabalhos, e a comissão foi encerrada sem ao menos apresentar suas conclusões. Mentor até que chegou a redigir seu relatório, um calhamaço de 796 páginas que iniciava com uma citação a Rui Barbosa:

> De tanto ver triunfar as nulidades, de tanto ver prosperar a desonra, de tanto ver crescer a injustiça, de tanto ver agigantarem-se os poderes nas mãos dos maus, o homem chega a desanimar da virtude, a rir-se da honra, a ter vergonha de ser honesto.

Marcos Valério safou-se de ser indiciado pela CPI, apesar da sugestão em contrário do delegado da Polícia Federal José Francisco de Castilho Neto, que auxiliava os trabalhos da comissão. Já o Rural logrou escapar pela sexta vez de uma comissão parlamentar de inquérito — CPI do PC (1992), CPI do Orçamento (1993/94), CPI dos Títulos Públicos (1996), CPI do Narcotráfico (1999), CPI do Futebol (2000) e, por fim, a CPI do Banestado (2003/04). Apesar de ter feito sete requerimentos relacionados ao Rural, José Mentor não acusou o banco de nenhum crime. Somente Haroldo Bicalho foi para o patíbulo, indiciado por evasão de divisas, lavagem de dinheiro e sonegação fiscal. Ainda assim, suas ligações com a RS, com o Rural e com Marcos Valério não foram objeto de questionamento.

A atitude de Mentor renderia a suspeita, levantada por seus pares, de que ele talvez tivesse poupado Valério e o Rural em troca dos 120 mil reais da Tolentino & Melo. Mentor negaria a existência do suposto acordo, posição idêntica assumida por Marcos Valério e pelo banco. Segundo Mentor, a exclusão do Rural da lista de acusações se dera por princípios da CPI do Banestado estendidos a outros bancos. O deputado diria ainda que, antes de o escândalo estourar, não tivera conhecimento de que Valério era sócio da Tolentino & Melo. Contudo, não apresentaria os tais "estudos jurídicos" que seu escritório teria realizado para a empresa.

Da história, restariam muitas dúvidas, acusações e desmentidos. E as palavras de Rui Barbosa a martelar consciências: desonra, injustiça, virtude e vergonha.

* * *

No 11º mês do governo Lula, o BMG já tinha prestado relevantes serviços ao PT. Concedera dois "empréstimos" para o partido e para Marcos Valério (o que no final das contas era uma coisa só) e se colocara à disposição para fazer mais dois, totalizando 27,9 milhões de reais. Como recompensa, o controlador e o presidente do banco — Flávio e Ricardo Guimarães — tinham ganhado um almoço-audiência no Palácio do Planalto com o ministro José Dirceu (refeição compartilhada por Marcos Valério). Ainda que a comida do palácio fosse um assombro, coisa que não era, o PT e o BMG sabiam que o banco

Sem saber que está sendo gravado, Maurício Marinho recebe 3 mil reais de propina: "bagrinho"

A maleta com a câmera escondida usada no vídeo-alçapão

Marcos Valério e sua mulher, Renilda, antes do escândalo: durante 17 anos, ele pagou a faculdade de engenharia mecânica, mas não conseguiu se formar

Clésio Andrade: empresário do ramo de ônibus que virou sócio de Valério e depois político do PFL e parceiro do PSDB

O tucano Eduardo Azeredo: primeiro "cliente" do esquema de caixa dois de campanha eleitoral gerenciado por Valério

O economista João Heraldo: conexões com o PSDB, com a SMP&B, com o BMG e com o Rural

Carta da sócia de Duda Mendonça para Mares Guia, de 1998: a campanha de Azeredo custou 4,5 milhões de reais, mas no contrato só constou 700 mil reais

FOLHA PRESS/BENONIAS CARDOSO

Walfrido dos Mares Guia: coordenador da campanha do PSDB mineiro em 1998, na qual Valério estreou como operador

RECIBO

R$ 1.500.000,00

Recebemos da COMIG - Companhia Mineradora de Minas Gerais, a importância supra de R$ 1.500.000,00 (Hum Milhão e Quinhentos Mil Reais), referente ao patrocínio dos eventos: Enduro da Independência, Iron Biker, Mundial Supercross - ano 98, importância esta representada pelos cheques 000.375 (R$1.000.000,00) e 000.384 (R$500.000,00 para o dia 04.09.98) emitidos contra BEMGE.
Outrossim, o presente pagamento se faz em razão da cota de patrocínio principal, de conformidade com orientação emanada da Secretaria de Estado de Comunicação Social, endossada pelos órgãos próprios da citada Empresa, inclusive Assembléia Geral específica. Damos quitação da importância recebida.

Belo Horizonte, 25 de agosto de 1998

SMP & B PUBLICIDADE LTDA.

Recibo de pagamento de 1,5 milhão de reais da Comig — controlada pelo PSDB — para a SMP&B, em 1998: assinatura de ondinhas de Marcos Valério

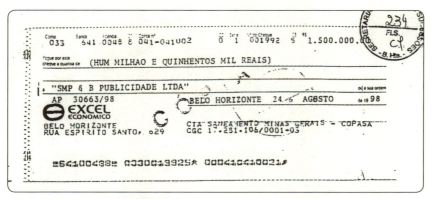

Cópia do cheque de 1,5 milhão de reais da Copasa para a SMP&B, em 1998: a administração tucana em Minas mandou abrir os cofres públicos 41 dias antes da campanha eleitoral

Cristiano Paz, sócio da SMP&B: "Gente, é tanto cheque para assinar... Pelo amor de Deus!"

O advogado Rogério Tolentino: sócio e sombra de Valério

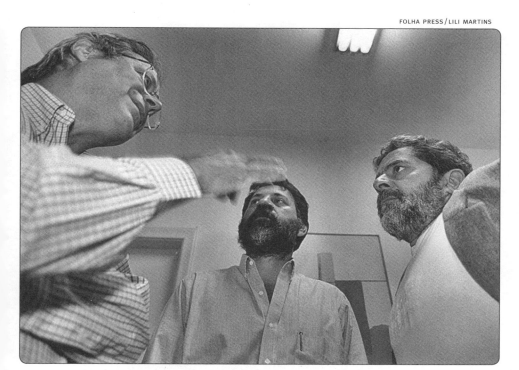

José Dirceu (esq.), Delúbio Soares e Lula, em 1998:
projeto de agigantamento do PT a qualquer custo

Valdemar Costa Neto (esq.), Dirceu, Lula, José Alencar e Bispo Rodrigues na campanha de 2002: apoio do PL custou ao PT 10 milhões de reais

Lula (dir.) na casa de Roberto Jefferson, em Brasília, antes do escândalo: por 20 milhões de reais, o PTB aceitou fazer aliança com o PT

O patrimônio declarado de Marcos Valério saltou de 230 mil reais em 1997 para 14,8 milhões de reais em 2004: fortuna construída à sombra do PSDB e do PT

Casa de Valério no bairro Castelo, em Belo Horizonte: o muro e a guarita revelam poder, mas também medo

FOLHA PRESS/MARLENE BERGAMO

A partir de 2002, o orçamento anual do PT gerido por
Delúbio chegou a 100 milhões de reais, fora o caixa dois

FOLHA PRESS/ALAN MARQUES

Agência do Rural em Brasília, onde era pago o "mensalão": um banco mineiro, nas duas acepções da palavra

AGÊNCIA ESTADO/PEDRO VILELA

Sede do BMG em Belo Horizonte: crédito consignado para aposentados e aumento de quase 250% no lucro líquido

AGÊNCIA ESTADO/MANOEL DE BRITO

O publicitário Duda Mendonça mostra peça criada para a campanha de Lula em 2002: "Eu gosto mesmo é de ganhar"

Cópia de remessa de 84,7 mil dólares do PT para a conta bancária da offshore Dusseldorf, em Miami, pertencente a Duda

A administradora de empresas Simone Vasconcelos: de funcionária da campanha do PSDB a gerente do *valerioduto* do PT

O policial civil David Rodrigues Alves: 79 quilos de notas de cem reais

Jacinto Lamas, do PL: 350 mil reais (4 quilos de dinheiro) escondidos numa sacola de presentes

FOLHA PRESS / ADRIANO MACHADO

João Cláudio de Carvalho Genu buscava as "encomendas" no Rural e as levava à tesouraria do PP, no prédio do Senado

Cópia de autorização para Genu sacar 300 mil reais na agência do Rural em Brasília

FOLHA PRESS/LULA MARQUES

José Janene, líder do PP na Câmara: processos na Justiça sob acusação
de envolvimento em corrupção e 4,1 milhões de reais no valerioduto

O deputado Josias Gomes (PT-BA) sacou 100 mil reais no Rural,
assinou recibo e ainda deixou cópia de sua carteira parlamentar

A "promotora de eventos" Jeany Mary Corner fornecia "recepcionistas" para as festas bancadas por Valério

Henrique Pizzolato, diretor de marketing do Banco do Brasil: envelope com 326 mil reais em dinheiro

FOLHA PRESS/BRUNO STUCKERT

João Paulo Cunha (PT-SP), presidente da Câmara: em 1995, declamou
a letra da música *300 picaretas* na tribuna; em 2003, mandou
a mulher ao Rural buscar 50 mil reais em dinheiro

Cópia de autorização para a mulher
de João Paulo, Márcia Regina Cunha,
sacar 50 mil reais no Rural

Na agenda de Fernanda Karina, o registro
da reunião de Marcos Valério com João Paulo
em torno de uma mesa de café da manhã

AGÊNCIA ESTADO/DIDA SAMPAIO

Roberto Jefferson, com o olho roxo, depõe na CPI dos Correios: "A temporada do circo voltou ao Congresso Nacional"

> CONFIDENCIAL
>
> Que, esclarece que, na época, foi firmado um contrato entre a SMP&B e a empresa GUARANHUNS, para justificar as saídas de recursos, embora a contabilização da empresa tenha sido feita como empréstimos ao PT; Que, foi JACINTO LAMAS quem apresentou o nome da GUARANHUNS como sendo destinatária desses recursos financeiros; Que, a indicação da empresa BONUS BANVAL para destinação dos recursos indicados na relação fornecida pelo declarante na referida petição partiu de Delúbio Soares; Que, a Guaranhuns foi apresentada por JACINTO LAMAS e a BÔNUS BANVAL por Delúbio, na ocasião em que o declarante não pretendia dar continuidade à sistemática de saques em espécie, o que ocorreu a partir de abril/maio de 2004; Que, os únicos contatos de declarante no PL era JACINTO LAMAS e WALDEMAR COSTA NETO; Que, o item "2" da relação apresentada refere-se à transferências realizadas para ZILMAR FERNANDES DA SILVEIRA, sócia de Duda Mendonça; Que, as pessoas de Antônio Kalil, David Rodrigues e Luiz Carlos Costa Lara, estes dois últimos policiais civis em Minas Gerais, foram indicadas por ZILMAR para o recebimento dos recursos; Que, indagado, esclarece que a sistemática adotada em conjunto com a direção do Banco Rural para facilitar as transferências dos recursos

Depoimento de Marcos Valério ao Ministério Público: "confidencial", mas à disposição da imprensa nos corredores do Congresso

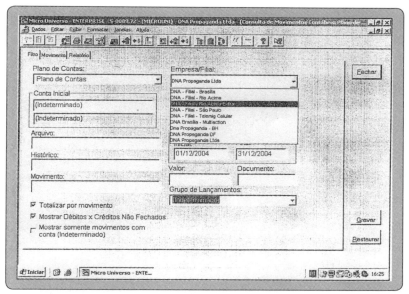

O Instituto Nacional de Criminalística analisou computadores que guardavam a contabilidade da DNA: "fraude" e "falsificação"

FOLHA PRESS/JOÃO CASTILHO

Fernanda Karina, a secretária da SMP&B que denunciou o ex-patrão, cogitou posar nua e terminou como candidata a deputada federal

Cópia da agenda de Karina: diário da usurpação da República, com direito a desenhos

Deputado ACM Neto (PFL-BA), estrela da "bancada do flash" da CPI dos Correios: o avô reencarnou em vida

Antonio Carlos Magalhães (PFL-BA): defensor da moralidade com passado polêmico

Camilla Amaral, assessora do Senado, na capa da *Playboy*: dedo apontado para corrupto e elogio de parlamentares

FOLHA PRESS/ALAN MARQUES

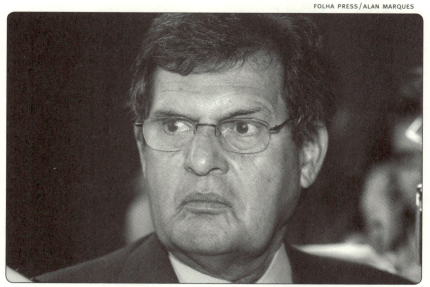

O deputado Roberto Brant (PFL-MG) foi flagrado com uma doação ilegal de 102 mil reais e comemorou a absolvição, com champanhe, num restaurante de Brasília

Os deputados petistas João Paulo (esq.), Paulo Rocha (PA), José Mentor (SP) e Professor Luizinho (SP): o segundo renunciou e os outros três foram absolvidos

Joaquim Roriz (PMDB): sob sua batuta, o governo do Distrito Federal fez negócios de 74 milhões de reais com as empresas de Valério

A agenda de Karina registrou a reunião de Carlos Rodenburg (sócio do Opportunity e ex-cunhado de Dantas) com Delúbio e Valério

FOLHA PRESS/LULA MARQUES

Daniel Dantas, do Opportunity: após surfar na onda das privatizações do PSDB, recorreu a Marcos Valério para "aparar as arestas" com o PT

Miguel Horta e Costa, presidente da Portugal Telecom, recebeu Valério em Lisboa e o apresentou a um ministro português

Rinaldo Campos Soares, presidente da Usiminas: a empresa fez doações ilegais para políticos por intermédio da SMP&B

merecia mais. Mas havia tempo para o acerto de contas. Antes disso, estimulado por Marcos Valério, o BMG acabaria por revelar mais um pouco da sua infinita generosidade.

O gesto de desprendimento começou a ser esboçado em novembro de 2003, na sede do PT em São Paulo. Na ocasião, Rogério Tolentino, sócio e advogado de Valério, tomava um café com Sílvio Pereira, secretário-geral do partido, e Ivan Guimarães, recém-nomeado diretor-presidente do Banco Popular, braço do Banco do Brasil. Conversa vai, conversa vem, Ivan comentou que uma das ex-mulheres de José Dirceu, a psicóloga Maria Ângela Saragosa, estava vendendo um apartamento na rua João Moura, na Vila Madalena. Ivan — um "ex-voluntário" da campanha presidencial de Lula, que arrecadara fundos para o comitê financeiro do PT — disse que queria comprar o imóvel, avaliado em 115 mil reais, mas seu salário, de 20 mil reais, não alcançava. O diretor-presidente do Banco Popular contou ainda que seu desejo era ver a mãe morando no apartamento. Teve então um estalo, virou-se para o sócio de Marcos Valério e disparou: "Por que você não compra o apartamento? Você estaria ajudando uma série de pessoas".

Tolentino não tinha motivos para ajudar Ivan, a mãe dele ou a psicóloga Maria Ângela Saragosa. Mas no caso de José Dirceu era diferente. Quebrar um galho para o ministro mais poderoso de Lula poderia valer um bilhete para o paraíso, destino tão sonhado por Marcos Valério. Afinal de contas, o que eram 115 mil reais? O negócio estava era barato. Tolentino então topou.

No mês seguinte, a transação foi fechada. Maria Ângela vendeu o apartamento para o sócio de Valério e comprou um maior, por 160 mil reais, na região do Sumaré. Para pagar a diferença, tomou um financiamento de 42 mil reais. Quem emprestou o dinheiro foi uma instituição pouco voltada ao crédito imobiliário: o Banco Rural. Quem

O OPERADOR

intermediou a operação também não tinha o costume de atuar no ramo: Marcos Valério.

Os agrados à ex de Dirceu não pararam aí. Ainda naquele mês, Marcos Valério se reuniu com o presidente do BMG e contou que Maria Ângela estava procurando emprego. Dias depois, ela recebeu um convite para um teste no banco. Acabou contratada com um salário de 3.265 reais, por meio expediente.

Sete meses depois, finalmente o BMG bamburrou. Por intermédio de um decreto assinado pelo presidente Lula, numa sexta-feira 13, foi liberado aos bancos conceder empréstimos a aposentados do INSS com desconto na folha de pagamentos, o chamado empréstimo consignado. Era um pote de mel para a banca, mas quem chegou primeiro foi o BMG. Apenas 13 dias após a assinatura do decreto, o banco mineiro assinou um convênio com o INSS, tornando-se a primeira instituição privada do país a operar com essa modalidade de crédito para aposentados e pensionistas. Durante quase dois meses, somente o BMG e a Caixa Econômica Federal atuaram nesse mercado.

Comparados às taxas praticadas no sistema financeiro, os juros cobrados pelo BMG eram relativamente baixos: 1,5% ao mês. Mas dois fatores garantiam o sucesso da empreitada. O primeiro era o baixíssimo risco das operações, já que o calote era quase impossível. E o segundo, o volume de negócios. Em meados de 2005, o banco já contabilizava 1,13 milhão de transações com aposentados, no valor de 2,5 bilhões de reais. No prazo de apenas um ano, a excelente performance do BMG com o crédito consignado garantiu à instituição um aumento de quase 250% no seu lucro líquido (de 110 milhões de reais passou a 266 milhões de reais). Ausente até então da lista dos 50 maiores bancos do país, o BMG saltou para o 31º lugar no *ranking*.

Marcos Valério, a direção do BMG, José Dirceu e o Palácio do Planalto sempre negaram que o banco tivesse sido favorecido pelo governo. A favor deles, pesava a falta de provas contundentes de que a autorização concedida ao BMG para operar com o crédito aos aposentados tivesse alguma ligação com os "empréstimos" do *valerioduto* e o emprego para a ex-mulher de Dirceu. Assim, nos aspectos técnicos do direito, nenhum deles pode ser considerado culpado de crime algum. Tudo não teria passado de uma grande coincidência.

* * *

Quem via a facilidade com que Marcos Valério marcava audiências na Casa Civil e a presteza com que ajudara a ex-mulher de José Dirceu poderia pensar que ambos tinham uma relação de proximidade. Não era exatamente assim. Empresário e ministro se consideravam mutuamente um mal necessário. E com um agravante: Dirceu tinha desprezo por Valério, e Valério alimentava antipatia por Dirceu.

Em ambientes onde sabia que o ministro não era benquisto (ou seja, em 90% da Esplanada dos Ministérios), o empresário costumava criticá-lo. No início de 2004, chegou a ser visto na Secom — onde reinava Luiz Gushiken, principal adversário de Dirceu no PT — comemorando o estouro do caso Waldomiro Diniz. "Agora aquele cretino cai", teria dito em relação a Dirceu, para espanto dos presentes. A raiva de Valério tinha motivos concretos e sobretudo mensuráveis. Havia meses, o ministro estava sentado, e sentado permanecia, em três demandas do Rural intermediadas pelo empresário: a liberação da mina de nióbio no Amazonas, a criação do Banco do Trabalhador e a suspensão da liquidação do Banco Mercantil de Pernambuco. A postura do ministro engessava os negócios do Rural e, de quebra, impedia Marcos Valério de botar a mão em gordas comissões.

A verdade é que, depois de tantos favores prestados ao PT, o empresário se sentia usado. De fato, o Planalto fazia muito mais por gente que ajudara menos. Como, por exemplo, Duda Mendonça, aquinhoado com as melhores contas publicitárias do governo, como as da Secom (leia-se Presidência da República), Ministério da Saúde e Petrobras.

Como José Dirceu não desatava mas também não caía, Valério tratou de engolir a seco suas mágoas e continuou levando seus clientes ao ministro. Fez mais: dobrou a aposta na tíbia relação que mantinha com Dirceu.

Depois de fazer *lobby* para os bancos Rural, BMG e Econômico, o operador decidiu se meter na maior disputa comercial do país nas últimas décadas. Mais uma vez, serviria de ligação entre José Dirceu e um banqueiro ávido por se dar bem com o governo. Aquele caso, contudo, era diferente — ainda que Valério não compreendesse por inteiro a questão. Além de o negócio envolver cifras maiores que as anteriores e esbarrar em perigosas divisões dentro do governo e do PT, implicava também o envolvimento com gente dada a golpes tão sujos e mortais que nem Marcos Valério tinha visto coisa igual.

O operador, entretanto, com sua incrível disposição para caminhar no fogo, acreditou que poderia aproximar dois gigantes — o ministro Dirceu e o banqueiro Daniel Dantas — e ainda ganhar algum dinheiro com isso. Valério só não contava com o previsível: no abraço das feras, ele seria esmagado.

Com *shape* de galã maduro, lânguidos olhos azuis e ar de moço frágil, Daniel Dantas não era o que parecia ser. Baiano de nascença, agia como um lorde inglês. Vegetariano, vivia a devorar empresas e inimigos. E, admirador de são Tomás de Aquino, era associado com mais freqüência ao demônio do que com personagens celestiais. O certo é que, aos 43 anos de idade, Dantas era um dos empresários mais agressivos e bem-sucedidos do país. E não se dava bem com o PT.

Nascido numa família de milionários, aos 17 anos de idade Daniel Dantas deu o primeiro sinal de que não tinha vindo ao mundo a passeio. Foi quando abriu seu primeiro negócio: uma fábrica de sacolas. Logo depois, começou a freqüentar a Bolsa de Valores soteropolitana e se entregou aos livros. No início dos anos 1980, fez mestrado e doutorado na Fundação Getúlio Vargas, no Rio, e uma especialização no Instituto de Tecnologia de Massachusetts (MIT). Aluno de brilho raro e disposição infinita, Dantas caiu nas graças do professor e ex-ministro Mário Henrique Simonsen, que lhe abriu as portas do mercado financeiro nacional e internacional.

Aos 34 anos de idade, Daniel Dantas virou banqueiro. E dos bons. Em pouco tempo, seu banco — o Opportunity — teria investimentos da ordem de 8 bilhões de reais. O pulo do gato aconteceu em 1998, quando Dantas surfou na onda das privatizações, amparado pelo PSDB do então presidente Fernando Henrique. Tornou-se sócio e principal controlador da Telemig Celular, da Amazônia Celular e da Brasil Telecom — esta última, terceira maior empresa de telefonia fixa do país, com faturamento anual na casa dos 15 bilhões de dólares.

A proximidade com os tucanos rendeu muito dinheiro a Dantas, mas também uma profunda antipatia no PT. Por isso, o empresário se viu numa situação complicada quando o partido chegou ao poder. Um dos homens de ouro de Lula, o ministro Luiz Gushiken, era inimigo mortal de Dantas. E, para azar do empresário, Gushiken tinha o controle informal sobre os principais sócios de Dantas no Brasil: os fundos de pensão de estatais.

O Opportunity de Dantas era grande, mas os fundos de pensão controlados por Gushiken eram infinitamente maiores. A Petros (dos funcionários da Petrobras), a Funcef (Caixa Econômica Federal), a Previ (Banco do Brasil) e seus congêneres administravam cerca de 280 bilhões de reais em investimentos. A rigor, o dinheiro pertencia aos funcionários das estatais, mas sua movimentação sempre obedecera a critérios políticos. Se era preciso socorrer uma empresa ou fomentar um setor, bastava ao governo convocar os fundos de pensão de estatais e a coisa se resolvia. Tinha sido dessa forma que, no governo FHC, Dantas se tornara sócio da Previ, da Funcef e da Petros e arrematara a Brasil Telecom.

Tão logo assumiu seu posto no Palácio do Planalto, Gushiken iniciou uma batalha feroz para tirar de Dantas a condição de gestor da Brasil Telecom. O plano do ministro era estimular os fundos de pensão a se unir ao Citigroup (o maior grupo financeiro do planeta, que também era sócio da Brasil Telecom) para desbancar Dantas. O empresário, contudo, não estava disposto a perder o controle da Brasil Telecom tão facilmente. Dantas iria lutar — e lutar para Dantas tinha um significado quase literal.

Antes mesmo de o PT assumir o poder, o empresário contratara a Kroll, a maior empresa de investigação no mundo, para vigiar os passos de Gushiken e de outros petistas graduados. Segundo investigação da Polícia Federal, a Kroll teria usado de expedientes ilegais para cumprir sua missão, tais como grampear o telefone de Gushiken e monitorar dirigentes do Banco do Brasil e da Previ. No início do governo Lula, Dantas resolveu tentar outra fórmula para neutralizar Gushiken. Sua idéia era conquistar um aliado no governo que tivesse um peso tão grande ou maior que o do ministro. Só havia um nome com esse perfil: José Dirceu. Por sinal, um adversário ferrenho de

Gushiken dentro do PT e do governo, exatamente aquilo de que Dantas precisava.

Daniel Dantas então buscou alguém que servisse de ponte entre ele e José Dirceu. Não foi difícil imaginar quem poderia fazê-lo: Marcos Valério. O operador era um velho parceiro de Dantas, já que a SMP&B e a DNA atendiam as contas da Telemig Celular e da Amazônia Celular. Entre 2000 e 2005, o faturamento das agências de Valério com as duas empresas de Dantas atingiria 145 milhões de reais. Sabe-se lá por que motivo, a Brasil Telecom também pingaria outros 4 milhões de reais nas empresas de Marcos Valério, apesar de não ser atendida pela SMP&B ou pela DNA.

Quando o governo Lula não havia completado ainda sete meses de vida, Dantas iniciou a aproximação com o PT. No dia 22 de julho de 2003, Valério intermediou uma reunião de Carlos Rodenburg (sócio do Opportunity e ex-cunhado de Dantas) com Delúbio Soares. No encontro, ocorrido no hotel Blue Tree de Brasília, Rodenburg pediu ao tesoureiro do PT que "aparasse as arestas" que existiam entre o banco e o partido. O Opportunity queria fazer as pazes com o PT, explicou o sócio de Dantas.

Dado o recado, restava a Daniel Dantas esperar que ele chegasse aos ouvidos de José Dirceu. Não demorou. O ministro mandou avisar que não dizia sim nem não. Era preciso conversar. Dantas se animou. Havia uma chance de ele neutralizar Gushiken e os fundos de pensão e, com isso, manter o controle sobre a Brasil Telecom. Era uma chance pequena, que dependia da boa vontade de José Dirceu, do entendimento com Delúbio Soares e da lábia de Marcos Valério.

* * *

Gushiken nem sonhava que dois de seus maiores desafetos (José Dirceu e Daniel Dantas) ensaiavam uma união para destruir seus planos. Menos ainda que Marcos Valério servia de ponte entre eles. Afinal, Valério dependia da Secom para manter as contas publicitárias do governo. Bastava Gushiken desconfiar das articulações de Marcos Valério para que a SMP&B e a DNA fossem escorraçadas da Secom.

O jogo duplo (às vezes triplo, quádruplo...) era uma das marcas registradas de Marcos Valério. Como bom jogador, ele nunca estava com os dois pés numa só canoa. E, como sabia dividir bem suas fichas, sempre ganhava. Foi assim que, durante mais de dois anos, Marcos Valério realizou o incrível feito de servir simultaneamente ao PT e ao PSDB — adversários mortais na política — sem se indispor com um ou com outro por causa disso.

Em 2002, Valério começou a se aproximar do PT, mas não deixou os tucanos de lado. Naquele ano, ele e Eduardo Azeredo (então candidato do PSDB ao Senado) se falaram por telefone ao menos 53 vezes. Além de produzir, graciosamente, peças de campanha para o tucano, Valério ainda pagou uma dívida antiga que Azeredo tinha com seu ex-tesoureiro de campanha, Cláudio Mourão, no valor de 700 mil reais.

No ano seguinte, quando Aécio Neves foi empossado governador de Minas, a generosidade de Valério com o PSDB foi reconhecida. Depois de passar quatro anos à míngua no governo Itamar Franco, a SMP&B voltou a ser a principal agência do Executivo mineiro. Não só do Executivo, mas também do Legislativo, cujo comando também fora conquistado pelo PSDB. Em menos de três anos, as agências de Valério faturariam 47 milhões de reais com as contas públicas de Minas, uma performance notável do empresário, que ele custaria a igualar no governo Lula.

A forte presença da SMP&B no governo mineiro e na Assembléia Legislativa do estado não passou despercebida no Palácio do Planalto. Valério chegou a ser chamado a Brasília e questionado sobre suas ligações com os tucanos mineiros. Um petista graduado lembrou ao empresário que era impossível servir a dois senhores ao mesmo tempo. Se Valério tinha pretensões de crescer com o PT, era melhor restringir seus negócios com o PSDB.

Sem a menor intenção de abandonar um ou outro, o empresário blefou. Disse que o PT poderia ficar sossegado, pois sua relação com o PSDB era limitada, além de meramente comercial. Valério afirmou que, se ele quisesse, a SMP&B e a DNA teriam ainda mais contas publicitárias no governo mineiro. O empresário contou que decidira todavia abrir mão de ganhar mais espaço em Minas para alçar vôos mais longos no cenário nacional, com o PT.

A verdade era outra. Marcos Valério queria ocupar todos os espaços ao mesmo tempo. Em Minas, os planos do empresário com o PSDB não incluíam apenas a propaganda. No dia 21 de julho de 2003, Valério teve uma audiência com o governador Aécio Neves e manifestou interesse em participar do programa de recuperação de dívidas de empresas com o Estado. Era o velho lobista de bancos em ação novamente. (Aécio afirma que não levou a proposta de Valério adiante, frustrando os planos do empresário.) Na mesma época em que operava o *valerioduto* do PT, o empresário evocou a proximidade com os tucanos para oferecer seus serviços a prefeituras controladas pelo PSDB e seus aliados, como Contagem, Betim, Juiz de Fora, Nova Lima, Governador Valadares, Divinópolis e Coronel Fabriciano. Houve mais. Em novembro de 2004, logo após as eleições municipais, Valério tornou a operar seu sistema de "empréstimos" em parceria com o PSDB. Naquele mês, a SMP&B tomou 700 mil reais emprestados no

Rural, tendo como avalistas o secretário de Estado de Governo de Minas, Danilo de Castro, e o presidente da Assembléia Legislativa, Mauri Torres.

A eleição de 2004 em Minas também revelou todo o sincretismo ideológico de Marcos Valério. Num mesmo pleito, ele fez operações de caixa dois para o PT, PSDB, PFL, PTB e PSB. Na disputa pela prefeitura de Belo Horizonte, Valério chegou à ousadia de movimentar recursos para os três principais candidatos ao cargo: Fernando Pimentel, do PT (274 mil reais), João Leite, do PSB com apoio do PSDB (205 mil reais), e Roberto Brant, do PFL (102 mil reais).

O caso de Roberto Brant era ainda mais curioso. Ao passar os recursos para o candidato, por baixo dos panos, Marcos Valério estava trabalhando, ao mesmo tempo, para um político e uma empresa privada. O dono original do dinheiro era a Usiminas, empresa-líder do maior complexo siderúrgico da América Latina, com lucro líquido anual superior a 3 bilhões de reais. A Usiminas queria doar recursos para a campanha de Roberto Brant, mas não queria aparecer. A solução encontrada foi contratar os serviços de caixa dois da SMP&B, com quem a Usiminas já fazia negócios havia décadas. Assim, a empresa depositou 150 mil reais na conta bancária da agência, e esta, ato contínuo, repassou 102.812,76 reais a Roberto Brant, depois de descontar gastos com impostos e, obviamente, sua comissão.

A Usiminas negou ter usado os serviços de caixa dois de Marcos Valério, mas nunca ficou totalmente esclarecida a extensão das relações da empresa com a SMP&B. Alimentada com capital privado (nacional e estrangeiro) e dinheiro da Previ, a siderúrgica consta da lista das maiores fontes de recursos das agências de Marcos Valério, com um total de 26,23 milhões de reais em menos de cinco anos — um valor expressivo para uma companhia que não opera com varejo. Resta uma certeza: a SMP&B e Marcos Valério faziam parte da artilharia da Usiminas. Tanto é assim que, em agosto de 2003, o empresário intermediou uma reunião do presidente da Usiminas, Rinaldo Campos Soares, com o ministro José Dirceu. O encontro, que durou trinta minutos, teve a participação de Valério e Delúbio Soares — como se sabe, duas nulidades em assuntos referentes ao mercado de aço.

Enquanto o PT acreditava que Valério o tinha como cliente preferencial, o empresário seguia adiante com seu jeito polivalente de ser. Em Brasília, além de operar para o PT, Marcos Valério trabalhava para o maior adversário do partido na capital: o governador do Distrito Federal, Joaquim Roriz.

Ex-aliado de Collor e FHC, Roriz chegara ao início dos anos 2000 com uma crosta de denúncias encravada em seu currículo, sendo o superfaturamento de obras a mais constante delas. Para Marcos Valério, o peemedebista — eleito em 1998 e reeleito em 2002 — era um pai. Em menos de cinco anos, o governo do DF deu às empresas de Marcos Valério um faturamento de 74 milhões de reais. O valor é bem mais alto que o proporcionado à SMP&B e à DNA por antigos clientes da órbita federal, como os ministérios do Trabalho e dos Esportes (44 milhões de reais), Eletronorte (41 milhões de reais) e Correios (36 milhões de reais).

Além de faturar alto com o governo do DF, Valério também ganhou muito dinheiro com a Câmara Distrital (equivalente às assembléias estaduais). Controlada politicamente por Roriz, a Câmara Distrital gastou 13,4 milhões de reais com propaganda em 2004. Parecia um exagero, e era. No mesmo ano, a Câmara dos Deputados, que tem de prestar contas a todo o país, manejou uma verba publicitária menor que essa. Dos 13,4 milhões de reais usados pela Câmara Distrital para louvar seus feitos, a SMP&B ficou com 7,9 milhões (ou seja,

59% do total). Valério sabia reconhecer a mão que o alimentava. Em pelo menos uma ocasião, as agências do empresário pagaram passagens aéreas para o presidente da Câmara Distrital, Benício Tavares (PMDB), e para o secretário do Trabalho do DF, Gim Argello. Já Roriz sempre era lembrado nos meses de agosto, quando fazia aniversário. Num ano, Marcos Valério mandou um presente comprado por 3.700 reais. No outro, uma sela de cavalo adquirida por mil reais.

O governo do DF e a Câmara Distrital representaram a quarta maior fonte de recursos das empresas de Valério. Juntos, renderam mais de 80 milhões de reais ao empresário e a seus sócios no período de 2000-05. Quando o escândalo estourou, de uma forma quase mágica, Roriz e seus amigos deputados distritais conseguiram manter-se longe dos holofotes. Foram praticamente ignorados pela imprensa e pelas investigações a cargo do Congresso Nacional, do Ministério Público e da Polícia Federal. Assim, puderam assistir, com uma prudente distância, ao fogo que consumiu o PT e Marcos Valério.

Depois dizem que são os mineiros que trabalham em silêncio.

* * *

O suprapartidarismo fez muito bem para o bolso de Marcos Valério. Sob o reinado tucano, o empresário se tornou milionário; e, sob o reinado petista, muitas vezes milionário.

Em 1997, um ano após sua entrada na SMP&B, Valério tinha um patrimônio modesto: 230 mil reais. Levava a vida com uma certa folga, mas ainda não podia se considerar um homem rico. Dois anos depois, seus bens declarados já alcançavam 2,1 milhões de reais, um aumento de 813%. O período coincide com a campanha de reeleição de Eduardo Azeredo em Minas, quando Valério estreou como operador, e com a virada do primeiro para o segundo mandato de Fernando Henrique, quando o empresário começou a ganhar contas publicitárias do governo federal. Nos três anos seguintes, a fortuna visível de Marcos Valério cresceu uma média de 22% ao ano. Em 2002, último ano do governo FHC, o empresário registrou bens e recursos da ordem de 3,8 milhões de reais.

Nos anos de ouro do tucanato, a movimentação bancária do operador também atingiria um ritmo alucinante. Em 2000, passaram pelas contas pessoais de Valério e de Renilda um total de 3,2 milhões de reais. Dois anos depois, o casal movimentou um valor 696% maior: 25,5 milhões de reais.

Quando Lula chegou ao poder, Marcos Valério já era milionário. Dali para a frente, porém, sua riqueza cresceria a níveis titânicos. O patrimônio de 3,8 milhões de reais declarado no último ano do governo FHC pularia para 6,7 milhões de reais em 2003 (aumento de 76%) e finalmente para 14,2 milhões em 2004 (mais 112%).

A escalada do patrimônio visível de Marcos Valério nos governos do PSDB e do PT dá conta apenas de um pedaço da história financeira do empresário. A análise da movimentação bancária das empresas de Valério sugere que ele tenha manipulado uma fortuna muito maior. Nos dois últimos anos do governo FHC (2001 e 2002), 1,11 bilhão de reais passaram pelas contas bancárias das empresas de Marcos Valério. O resultado é fabuloso, mesmo levando em consideração que o operador recebia apenas uma comissão sobre os valores que movimentava (cerca de 15% nos negócios com publicidade e uma porcentagem variável no ramo de caixa dois).

Fazer negócio sob o governo tucano foi muito bom para Marcos Valério, mas melhor ainda foi trabalhar à sombra do PT. Nos dois primeiros anos do governo Lula (2003 e 2004), as contas bancárias das

O OPERADOR

empresas de Valério giraram 2,89 bilhões de reais, ou seja, um crescimento de 160% sobre o último biênio da era FHC. Só a SMP&B, que movimentara espantosos 229 milhões de reais nos derradeiros 12 meses do governo Fernando Henrique, alcançou um giro de 586 milhões de reais no primeiro ano da administração Lula, um aumento de 156%.

A filial da SMP&B em Brasília era o retrato acabado da fartura dos negócios de Marcos Valério. A empresa alugou, reformou e equipou o 14º andar do edifício Terra Brasilis, no Setor de Autarquias Sul, e aumentou seu quadro de funcionários para 70 pessoas. (Uma curiosidade: quando PC Farias começou a fazer fortuna como operador de Fernando Collor, ele alugou um conjunto de salas num prédio de São Paulo cujo nome também era Terra Brasilis.) Empregados da SMP&B já comentavam, nessa época, que só o dinheiro da publicidade não dava para sustentar toda a opulência da empresa.

Os resultados da SMP&B eram notáveis, mas incrível mesmo era a performance financeira da 2S Participações, uma das empresas que alimentaram o *valerioduto*. Depois de movimentar 75 reais no ano de sua criação (2002), as contas bancárias da firma giraram 4,4 milhões de reais no ano seguinte (aumento de 5.850.185%) e 56 milhões de reais em 2004 (mais um acréscimo de 1.173%). No Brasil, não há notícia de empresa que tenha tido desempenho semelhante.

O padrão de vida dos Fernandes de Souza acompanhou o sucesso profissional do chefe da família. Marcos Valério retirava 60 mil reais por mês na SMP&B e na DNA, fora distribuição anual de lucros e *otras cositas*. O dinheiro era administrado por Renilda, numa das seis contas bancárias do casal. Os cartões de crédito eram em número de 13, usados sobretudo para custear os gastos com a manutenção das duas casas da família (no bairro Castelo e no condomínio Retiro do Chalé). Valério gostava de carros importados. Ele e a mulher tinham três: uma Pajero, um Land Rover e um Corolla Fielder. Já Renilda era cliente preferencial da Daslu, em São Paulo, e da M&Guia, a exclusivíssima butique de Belo Horizonte pertencente à *socialite* Erika Mares Guia, filha do ministro Walfrido dos Mares Guia.

Marcos Valério era tão obcecado com trabalho que as férias, em geral, eram curtas e previsíveis. No Carnaval, o roteiro predileto era Orlando, na Flórida — segundo Renilda, um dos poucos locais onde o marido conseguia relaxar. Houve uma ocasião em que, aproveitando uma viagem de trabalho, Valério levou a mulher para Portugal.

O dinheiro suado que Marcos Valério ganhava em jornadas de trabalho intermináveis e estressantes costumava ser gasto muito mais com status do que propriamente com sofisticação e conforto. Os Fernandes de Souza tinham vida de rico, mas, vez por outra, Valério fazia questão de demonstrar à sociedade belo-horizontina que sua fortuna era muito maior do que podia parecer. Foi assim, em 2004, quando o empresário comprou uma parte de um dos maiores ícones da burguesia mineira: o Cepel, um dos cinco melhores centros hípicos da América Latina e palco de badaladas competições internacionais.

Muito mais que um investimento, o Cepel era um símbolo, uma prova definitiva de que Marcos Valério, enfim, tinha vencido na vida. Nas manhãs ensolaradas de sábado e domingo, quando o Cepel era tomado por um seleto grupo de milionários — via de regra, mulheres de chapéu e homens de camisa Lacoste —, lá estava Marcos Valério a admirar até onde o sucesso o havia levado. Para alegria suprema do empresário, não raro as competições infantis realizadas no Cepel eram vencidas por sua filha, Nathália, uma montadora excepcional.

O OPERADOR

Com 13 anos de idade na época em que o pai se tornou sócio da hípica, a menina havia sido forjada para ser uma campeã. Valério comprou 13 cavalos de raça para Nathália, ao custo médio de 100 mil reais. O plantel incluía um filho de Baloubet Rouet, a lenda viva do hipismo que, em 2004, levara o Brasil ao topo do pódio olímpico sob as rédeas do cavaleiro Rodrigo Pessoa. O empresário também trouxe a Belo Horizonte cavaleiros consagrados para treinar a filha, como a suíça Lesley McNaugh (medalha olímpica) e o belga Jos Kemps.

Apesar de incentivar a filha no hipismo, o que Marcos Valério gostava mesmo era de uma boa pelada. Uma vez por semana, geralmente nas noites de quarta-feira, o empresário costumava levar amigos e parceiros de negócios para o Cepel, onde patrocinava partidas de futebol soçaite. Um funcionário da SMP&B era encarregado de arregimentar jogadores-figurantes e, sobretudo, de avisá-los que eram proibidas botinadas nos grã-finos amigos do chefe. Numa das peladas, esse mesmo funcionário teve o azar de dar uma cotovelada involuntária em Valério, numa dividida. O empresário ficou possesso. Expulsou o jogador que o atingira e o juiz, que não marcara a falta. Depois, encerrou a partida. Ninguém chiou, nem poderia chiar. Marcos Valério era patrão de metade dos jogadores e benfeitor da outra metade. Além de ser o dono da bola e do campo. Poder é isso aí.

* * *

Se as baias do Cepel falassem, teriam muita história para contar. Por exemplo, como a paixão por cavalos e por negócios nebulosos uniram Marcos Valério e Glênio Sabbad Guedes, procurador da Fa-

LUIZ INÁCIO FALOU, LUIZ INÁCIO AVISOU

zenda Nacional. Segundo conta o empresário, ele e Glênio se conhece-ram num evento de hipismo e logo se tornaram amigos — "muito, muito, muito... com um relacionamento muito íntimo", nas palavras de Valério. A amizade fez com que o empresário convidasse o procu-rador, que morava no Rio, a acompanhá-lo em competições hípicas da filha, em São Paulo e em Belo Horizonte. A coisa evoluiu a ponto de as empresas de Valério custearem passagens aéreas e estadas de hotel para Glênio. Em dezembro de 2003, a relação desabrochou de vez quando a Tolentino & Melo — um dos longos braços do *valerioduto* — depositou 782 mil reais na conta bancária de Ramon Prestes Guedes, pai do procurador. Dois meses depois, uma nova transferên-cia, dessa vez de 367 mil reais. Marcos Valério e Glênio juram que as passagens e estadas de hotel foram ressarcidas ao empresário. Dizem também que o 1,1 milhão de reais depositados na conta bancária do pai do procurador se referem a uma consultoria. Contudo, um fato inusitado ainda carece de explicação mais substanciosa: o que o Banco Rural, mais uma vez, estava fazendo nessa história?

Desde 1998, Glênio fazia parte do Conselho de Recursos do Siste-ma Financeiro, mais conhecido como *Conselhinho*. Apesar do apelido em diminutivo, o órgão tinha poderes imensos. Formado por repre-sentantes do Estado e do mercado, era ele quem julgava, em última instância, as punições administrativas aplicadas a instituições finan-ceiras. Ou seja, o Banco Central, a Comissão de Valores Mobiliários e a Secretaria de Comércio Exterior podiam multar um banco ou uma corretora, mas cabia exclusivamente ao *Conselhinho* confirmar ou suspender a punição. E era aí que entrava o Rural. Em julho de 2005, um processo movido pelo Banco Central contra o Rural e dois de seus diretores subiu ao *Conselhinho*. Por obra e graça divinas, calhou de o relator escolhido ser o amigo de Marcos Valério. No seu parecer, Glênio recomendou o arquivamento do processo, voto que foi acatado por unanimidade por seus pares.

O Rural, Glênio e Marcos Valério afirmam que não havia nenhuma relação entre a amizade dos dois últimos e o parecer do procurador no *Conselhinho*. Tudo não teria passado de uma grande coincidência. Por via das dúvidas, quando o caso veio à tona, Glênio foi afastado de suas funções no *Conselhinho* até que o ocorrido ficasse devidamente esclarecido.

* * *

Os amigos de Marcos Valério realmente não tinham do que se queixar. O empresário sempre dava um jeito de socorrê-los ou de contratá-los. Que o diga Pimenta da Veiga, ex-presidente nacional do PSDB e ex-ministro das Comunicações. Ainda no governo FHC, o tucano fora responsável pela apresentação de Valério em algumas rodas federais. Valério nunca esqueceu a mão amiga que Pimenta lhe havia estendido. Certa vez, comprou de presente para o ex-ministro um casaco de couro de 2.680 reais. Em 2003, um ano após o fim do governo Fernando Henrique, o empresário soube que o filho do ex-ministro enfrentava uma doença grave, que consumia as energias e os recursos do pai. Solidário, Marcos Valério encontrou uma forma de ajudar o velho amigo: contratou os serviços de consultoria jurídica de Pimenta da Veiga por 150 mil reais. No ano seguinte, o empresário tornou a ajudar o ex-ministro. Daquela vez, Valério e Renilda foram avalistas de um empréstimo de 152 mil reais que Pimenta tomou no BMG.

Dois meses e meio antes de avalizar o empréstimo do ex-ministro, Marcos Valério patrocinara outro ato de benemerência. O agraciado na ocasião foi o então diretor de marketing do Banco do Brasil, Henrique Pizzolato. No dia 15 de janeiro de 2004, Pizzolato — petista de quatro costados — foi avisado de que havia uma "encomenda" para ele na agência do Rural no Rio de Janeiro. O diretor do BB acionou um office-boy, que foi ao banco e recebeu um envelope contendo 326 mil reais em espécie. O dinheiro, levado diretamente à casa de Pizzolato, saíra de uma conta da DNA, a agência que cuidava da publicidade do Banco do Brasil.

Pizzolato não era apenas diretor do BB. Tinha também presidido a comissão de licitação do banco que havia sido ganha pela DNA. Quando o episódio tomou ares de escândalo nacional, Pizzolato apresentou uma defesa confusa. Primeiro disse que não era o destinatário final do envelope nem sabia o que havia dentro dele. Depois, afirmou que tudo não passava de uma cilada armada para ele ou, na pior das hipóteses, um "incidente". A situação do petista ficara complicada por um detalhe: poucos dias depois de receber o envelope do Rural com 326 mil reais, Pizzolato comprou um apartamento avaliado em 400 mil reais. E pagou uma parte em dinheiro vivo. Novamente ele veio a público explicar que as coisas não eram o que pareciam ser. Disse que comprara o apartamento com recursos próprios, juntados com três décadas de trabalho no Banco do Brasil. Contudo, acabou deixando o cargo de diretor do BB e em seguida entrou com um pedido de aposentadoria.

* * *

Marcos Valério enxergava longe, e foi por mirar sempre alto que acabou se descuidando de ver o que acontecia bem debaixo do seu nariz. Preocupado com suas articulações com ministros, banqueiros e grandes empresários, Valério não prestou atenção numa moça sardenta que trabalhava para ele e que resolvia justamente pequenas questões ligadas a ministros, banqueiros e grandes empresários. No que talvez tenha sido um dos maiores descuidos de sua vida, Marcos Valério não percebeu que o inimigo estava bem ao seu lado.

Fernanda Karina Somaggio tinha 30 anos quando chegou à SMP&B, em maio de 2003, para disputar uma vaga de secretária. Fora enviada por uma empresa de recrutamento chamada Solução. Simone Vasconcelos, diretora financeira e administrativa da agência, entrevistou a garota, gostou do jeito dela e resolveu contratá-la. Afinal, Marcos Valério tinha pressa em conseguir uma assistente que pudesse organizar sua caótica rotina de trabalho.

Com seus óculos pretos quadradinhos e sua indispensável jaqueta jeans, Fernanda era discreta, detalhista e metódica. E, quando convinha, desembaraçada e bem-humorada. A relação entre chefe e secretária era profissional e carinhosa. Marcos Valério gostava de Fernanda, e Fernanda demonstrava simpatia pelo empresário.

Logo Fernanda entendeu que um dos locais de trabalho constantes do chefe era o avião. Valério estava sempre chegando de algum lugar e partindo para outro. Entre idas e vindas para São Paulo, Brasília e Rio, o empresário ligava para a secretária e dava instruções. Ligue para o banco e peça 100 mil reais em cash, marque uma audiência com o ministro, compre um presente para o deputado, marque o vôo do procurador, deposite na conta do ex-ministro, reserve o andar inteiro do hotel, veja quando será a reunião com o governador... E assim, pela porta dos fundos, Fernanda foi introduzida no esquema.

A secretária cumpria as ordens sem questioná-las. Mas percebia que aquela agência de propaganda fazia muito mais que propaganda. Começou então a guardar papéis, documentos e fax e a anotar tudo o que via pela frente. Sua agenda de trabalho, com capa metálica prateada, virou uma arma. Entre desenhos de luas e estrelas, lembretes pessoais — pagar a prestação de um brinco, por exemplo — e anotações sobre uma certa "escola de bruxaria e conhecimentos holísticos", Fernanda fez uma espécie de diário da usurpação da República. Detalhe: ditado por Marcos Valério. Depois de cada ordem recebida do chefe, a secretária pegava a agenda e anotava tudo. Foi assim que nomes, datas, números de vôos e valores de negociatas acabaram ficando registrados para a posteridade.

No espaço reservado ao dia 22 de julho de 2003, Fernanda anotou que seu chefe tinha uma reunião com Delúbio Soares na sede do PT em Brasília. No dia seguinte, escreveu o nome do tucano Pimenta da Veiga e, embaixo, o número de sua conta bancária. Quem também ficou mal na agenda foi o deputado petista José Mentor. No dia 30 de outubro, a secretária anotou o seguinte recado: "J. Mentor — transferir de amanhã p/ segunda e ver qdo. é o assunto do rural." Na época, o deputado era o relator da CPI do Banestado, que investigava operações suspeitas de bancos, entre eles o Banco Rural.

Um dos campeões de registros na agenda de Fernanda Karina era o petista João Paulo Cunha. Ele aparecia em várias datas e situações, sobretudo em cafés da manhã com Marcos Valério. No dia 20 de outubro, a secretária anotou um dos inúmeros compromissos de seu chefe com o presidente da Câmara dos Deputados: desjejum no hotel Grand Mercure em São Paulo. No mesmo espaço da agenda, Fernanda fixou um bilhete com o título de um livro — *A sangue frio*. A obra de não-ficção, de Truman Capote, retrata de modo inusual o assassinato de todos os integrantes de uma família no interior dos Estados Unidos. O escritor inicia o livro contando que houve o crime, diz quem o cometeu e em seguida revela o que aconteceu com os assassinos. Depois, faz um recuo no tempo para descrever, em minúcias, toda as circunstâncias que envolveram a tragédia.

Por que a secretária fixou aquele bilhete? Por que guardou tantos detalhes dos negócios de Marcos Valério? Como teve acesso a informações que seu chefe não lhe passava, como as malas de dinheiro e as festas com garotas de programa? Por que se lembrou de tantos podres do PT e tão poucos do PSDB? Quem afinal é Fernanda Karina? Essas são perguntas que ficaram pelo caminho. A história da secretária tem final bombástico, mas carece de início e meio. De certo, sabe-se apenas que ela trabalhou oito meses com Valério e, com o arsenal que reuniu nesse curto período, ajudou a destruir o empresário.

Teria sido Fernanda Karina uma espiã "plantada" na SMP&B? Ou uma informante "colhida"? Muita gente suspeitou que sim, inclusive Marcos Valério e delegados da Polícia Federal. A secretária e seu marido, Vitor, chegaram a ser investigados sobre uma possível ligação com a Kroll. Durante um tempo, a PF trabalhou com a tese de que Fernanda poderia ter sido "plantada" ou "colhida" no jardim de Marcos Valério pela Kroll, a mando do empresário Daniel Dantas. A suposição partia do fato concreto de que Dantas já havia recorrido à Kroll anteriormente para vigiar os passos de petistas graúdos e gente do governo. Ainda de acordo com a tese que circulou na PF, Daniel Dantas — cliente de Marcos Valério tanto no ramo da publicidade quanto no de *lobby* — teria descoberto uma maneira de atingir o governo do PT, com quem tinha tantas diferenças, por intermédio da exposição dos negócios do operador.

A investigação, no entanto, não chegou a lugar algum. Na falta de provas que amparassem suas suspeitas, a PF deixou de lado sua tese conspiratória. Delegados experientes chegaram a lembrar aos mais novos que, nas grandes histórias policiais, sempre apareceram delatores de origem humilde dotados de excelente memória e capacidade de dedução. No caso Collor fora assim. Instigado pela imprensa, Eriberto França, motorista da secretária pessoal do presidente da República, estremeceu o país ao denunciar a movimentação de dinheiro sujo no Palácio do Planalto. Sua única motivação era o compromisso com a verdade. Por esse ângulo, Fernanda pode ter sido apenas uma versão de Eriberto França, 13 anos depois. Ou não?

Faltou um Truman Capote para rechear esse enredo.

* * *

Outrora bastião da moralidade pública e da ética na política, o PT vacilou depois de vinte anos de estrada. No poder, muitos de seus integrantes se mostraram permissivos às delícias da burguesia e deslumbrados com a pompa e a circunstância dos palácios. Ao corromper, corromperam-se e, por fim, revelaram-se. Por trás do manto sagrado da capa petista não havia pessoas especiais, super-heróis da política, mas sim homens e mulheres comuns que carregavam os defeitos da humanidade. O processo de degradação moral que corroeu o PT num espaço de tempo tão curto teve seu ápice no final da tarde de 14 de setembro de 2005. Naquele dia, do alto de sua desgastada biografia, o deputado Roberto Jefferson subiu à tribuna da Câmara e falou uma verdade doída sobre o PT: "Rato magro! Que nunca comeu mel e se lambuzou. Rato magro!"

O OPERADOR

A ascensão social mexeu com a cabeça de muitos petistas. Quando se viram no paraíso de Brasília — com bons salários, poder, carro com chapa branca na porta e um bando de puxa-sacos ao redor, dispostos a pagar-lhes o almoço em troca de uns minutos de atenção —, faltou ideologia. Num átimo, muitos petistas — sobretudo da cúpula do partido — desvestiram a camisa franciscana da oposição e caíram na farra das práticas que sempre tinham condenado. Certos petistas se entregavam aos prazeres mundanos com um desequilíbrio juvenil. Os primeiros sinais dessa mudança surgiram na forma de charutos Cohiba de 80 reais a unidade (Delúbio fumava um por dia), vinhos de 300 reais a garrafa e almoços e jantares diários em restaurantes de luxo.

Do ponto de vista antropológico, é fácil entender o desvio. Depois de décadas submetidos ao estilo de vida espartano e rígido da esquerda brasileira, muitos petistas simplesmente adoraram fazer parte da elite. Tão logo chegou ao poder, o PT foi ocupando todos os espaços possíveis no Estado. O processo de tomada do Banco do Brasil era um exemplo acabado do apetite petista. O partido se adonou de 5 das 7 vice-presidências, 8 dos 15 cargos de direção e 7 das 10 gerências. Alguns dos ungidos eram ex-sindicalistas que tinham passado boa parte de suas vidas nas trincheiras da desigual luta contra os patrões. De repente, viram-se em gabinetes refrigerados com secretárias e contracheques de mais 20 mil reais. E os patrões viraram parceiros, com propostas cada vez mais tentadoras. Muitos resistiram; outros, não.

A deformação moral que se abateu sobre integrantes da cúpula do PT também se refletiu na postura do partido. Iludido com a impressionante capacidade de Marcos Valério para levantar dinheiro, o PT saiu gastando muito mais do que poderia. No início de 2004, teve início o ambicioso plano de informatização de todos os milhares de instâncias do partido no país, ao custo de 21 milhões de reais. No ano anterior, o PT havia trocado parte da sua frota de carros (450 mil reais) e inaugurado uma nova sede em Brasília, no luxuoso edifício Varig, um colosso de janelas espelhadas ao estilo Dallas. Só em móveis, equipamentos e decoração, a nova casa do PT na capital federal consumiu 661 mil reais. Fora os 15 mil reais mensais de aluguel. Na festa de inauguração do novo espaço, com seiscentos metros quadrados de puro desbunde, o ministro José Dirceu marcou posição: "Merecemos, sem falsa modéstia, ter chegado até aqui."

Os tradicionais encontros do PT também espelharam a soberba que assaltara a cúpula do partido. Em Belo Horizonte, o correto Hotel Wembley, no centro, foi substituído pelo cinco estrelas Ouro Minas, na Cidade Nova, como local de reunião da executiva do partido. O mesmo ocorreu em Brasília e São Paulo. Hotéis três estrelas de nomes algo singelos — como Danúbio, San Raphael e Comodoro — foram trocados por hotéis quatro e cinco estrelas de cadeias internacionais, como Meliá, Sofitel, Blue Tree e Hilton.

Quanto mais a cúpula partidária surtava, mais as dívidas se acumulavam. Entre 2002 e 2004, mesmo tendo aumentado sua receita anual em 58% em média, o partido teve a capacidade de transformar uma dívida oficial de 2,4 milhões de reais em 20,5 milhões de reais. O cheque especial do PT no Banco do Brasil, que antes tinha um limite de 800 mil reais, foi vitaminado com um crédito em aberto de 3,5 milhões de reais.

O desregramento tinha nome (Delúbio) e sobrenome (Soares). Por incompetência ou omissão, o tesoureiro do PT não se deu conta de que, a cada pagamento sem lastro que autorizava, jogava o partido

O OPERADOR

ainda mais na lama. A cúpula queria construir uma sede própria de 20 milhões de reais para o partido? Sem problema. A nova campanha de Duda Mendonça fora orçada em 25 milhões de reais? OK.

O próprio Delúbio era o retrato da intemperança. O ex-professor de matemática de Goiás se acostumou rapidamente aos esplendores e excessos do poder. Andava de carro blindado escoltado por batedores, despachava no Palácio do Planalto e acompanhava Lula em viagens oficiais. Numa ocasião, foi à África com o presidente — fazer o quê, ninguém sabe. O tesoureiro aceitava com a mesma facilidade tanto mimos públicos quanto privados. Em agosto de 2003, Delúbio foi a Belo Horizonte para uma série de reuniões do partido. Chegou numa quinta-feira à noite e foi embora no final de semana. Mesmo tendo verba para táxi, o tesoureiro preferiu rodar pela cidade a bordo de um carro da SMP&B. O motorista de Marcos Valério, de nome Neilton, buscou Delúbio no aeroporto e ficou à disposição do petista até a sua partida. Não passou pela cabeça do tesoureiro do PT que não ficava bem aceitar o agrado de um fornecedor do governo.

Delúbio não estava só. Outro que revelou ter ambições até então desconhecidas foi o secretário-geral do partido, Sílvio Pereira. Sociólogo de formação, ex-militante de comunidades eclesiais de base e líder sindical por profissão, *Silvinho* tinha 41 anos quando o PT alcançou o poder. Era um tarefeiro de primeira e gostava das missões mais brutas. Gravitando na órbita do planeta José Dirceu, *Silvinho* atuava basicamente em duas linhas de frente: contatos com empresários e negociações de cargos na base aliada. A exemplo de Delúbio, ele também costumava despachar no Palácio do Planalto e adorava uma reunião com Marcos Valério (a agenda de Fernanda Karina está aí para provar). Quando a pauta de trabalho era mais delicada, preferia tratar com seus interlocutores em quartos de hotel. Em São Paulo, despachava com certa freqüência no Sofitel e no Maksoud Plaza.

Em 2004, num de seus contatos com o alto empresariado, Sílvio Pereira conheceu o vice-presidente da GDK Engenharia, César Roberto Santos Oliveira. Grande fornecedora da Petrobras, a empresa passava por um período de transição. No governo Fernando Henrique, a GDK tinha sido muito feliz, chegando a desfrutar a confiança do filho do presidente, Paulo Henrique Cardoso. No último ano da era FHC, a empresa faturara 430 milhões de reais em contratos com a Petrobras, um resultado fabuloso. Na troca de turno entre PSDB e PT, porém, a GDK levou um baque. No primeiro ano do governo Lula, a Petrobras contratou "apenas" 145 milhões de reais com a GDK, o que representava uma queda de faturamento de 66% em relação ao ano anterior.

A luz amarela piscava na direção da empresa quando um providencial magnetismo aproximou o vice-presidente da GDK e Sílvio Pereira. Em questão de meses, viraram amigos de infância. A amizade trouxe sorte à GDK. Naquele ano, a empresa fechou dez contratos com a Petrobras, orçados em 512 milhões de reais, valor 253% maior que o verificado no ano anterior. Só um dos contratos, referente à reforma da plataforma marítima P-34, rendeu à GDK mais de 200 milhões de reais.

Silvinho e o vice-presidente da GDK negam que a amizade cultivada entre ambos tivesse influído no impulso dos negócios da empresa com a Petrobras. Difícil, no entanto, foi explicar o que o Land Rover Defender 90-SW, placa DKB 8091, fazia na garagem do dirigente petista. De acordo com o que conta a dupla, *Silvinho* um dia comentou com César Roberto, no final de 2004, que gostaria de ter um Land Rover, mesmo que usado. Porém, o objeto de desejo — um jipe rubosto, símbolo da elite descolada — estava além das possibilidades do dirigente sindical, que recebia um salário de 11 mil reais. César Roberto não teve dúvidas: seria sensacional fazer uma surpresa para o amigo! O empresário então comprou um Land Rover com um ano de uso, por 73 mil reais, e mandou entregá-lo na casa de Sílvio Pereira, em São Paulo. O dirigente do PT adorou! Nos finais de semana, pegava a estrada de asfalto com seu Land Rover verde, tração nas quatro rodas, e guiava até Ilhabela, no litoral norte de São Paulo, onde tinha casa. Às vezes *Silvinho* gostava de variar, seguindo o rumo de Osasco (18 quilômetros da capital paulista) para almoçar na casa da mãe.

Os desvios de Sílvio Pereira e Delúbio Soares não passaram despercebidos. Ainda no primeiro ano do governo Lula, repórteres que cobriam o PT e o governo notaram a falta de cerimônia com que a dupla agia. Foi quando começaram a aparecer notinhas de jornal, aqui e ali, dando conta do comportamento pouco ortodoxo de Delúbio e *Silvinho*. Mesmo com o zunzunzum, a cúpula do partido deu de ombros, subestimando a capacidade da imprensa e da oposição. Afinal, o PT era uma rocha, acreditavam.

Enganaram-se. O partido estava vulnerável, justamente por causa do comportamento de Delúbio, *Silvinho*, José Dirceu, Henrique Pizzolato, Ivan Guimarães, José Genoino, João Paulo e companhia limitada. O primeiro indício surgiu no início de 2004. Na época, o governo amargava seu primeiro grande escândalo: o caso Waldomiro Diniz. Ainda desnorteado com a lambança aprontada pelo assessor da Casa Civil, o Palácio do Planalto recebeu um aviso perturbador da Abin. No rotineiro monitoramento que fazia na imprensa para descobrir as possíveis manchetes de domingo — prática adotada desde a ditadura militar e mantida no governo do PT —, o serviço secreto descobriu que um grande jornal de fora do eixo Rio—São Paulo preparava uma reportagem-bomba. A matéria dizia que Delúbio Soares utilizava a SMP&B para administrar o caixa dois do partido. A informação de que havia chumbo grosso a caminho saiu dos subterrâneos da Abin, passou pelo Planalto, foi retransmitida a Delúbio e, por fim, chegou aos ouvidos de Marcos Valério. Pau para toda obra, o empresário deu um jeito de conversar com a direção do jornal e a reportagem acabou indo parar na gaveta, de onde nunca mais saiu.

Em setembro do mesmo ano, um novo susto. Naquele mês, Valério foi avisado pelo jornalista Gilberto Mansur de que a revista *IstoÉ Dinheiro* tinha em mãos uma entrevista explosiva com Fernanda Karina. A secretária, que havia sido demitida da SMP&B oito meses antes, contara ao repórter Leonardo Attuch algumas das negociatas de seu ex-patrão com Delúbio. Entre os citados na entrevista estavam Sílvio Pereira, João Paulo Cunha, Anderson Adauto (ex-ministro dos Transportes de Lula), Cristiano Paz, Pimenta da Veiga, Carlos Rodenburg (sócio do Opportunity), o banqueiro José Augusto Dumont e os bancos Rural e BMG. "Eu já vi sair muito dinheiro de lá", disse Fernanda Karina, referindo-se à SMP&B. A secretária relatou também que Simone Vasconcelos pagava as propinas, falou dos encontros secretos em hotéis de luxo e das festas com garotas de programa. Por fim, revelou que possuía um trunfo. "Eu tenho uma agenda, que eu fazia, com todos os pedidos dele [Marcos Valério]."

Caso fosse publicada, a entrevista poderia significar a ruína do governo Lula. Marcos Valério, porém, conseguiu segurar mais essa. O empresário pediu ao jornalista que o havia alertado sobre a existência da entrevista que marcasse uma reunião com a direção da *IstoÉ Dinheiro*. Gilberto Mansur atendeu o pedido de Valério e agendou um encontro dele com Domingo Alzugaray, dono da Editora Três, que edita a revista. Na reunião, Alzugaray consentiu que o empresário lesse a entrevista e escutou suas ponderações. Acertaram-se. Alzugaray não só desistiu de publicar sua bomba — pelo menos por ora — como também entregou a Marcos Valério os originais da entrevista.

O editor justificaria sua decisão alegando que resolvera guardar a fita com a entrevista para poder apurar mais dados sobre o caso. Mais tarde, porém, viria a público que Valério fizera uma transferência de 300 mil reais para o jornalista que intermediara o encontro entre ele e Alzugaray. Segundo Valério, o pagamento se referia a serviços prestados na área de comunicação.

Tendo segurado dois rojões em menos de seis meses, com uma providencial mãozinha de Marcos Valério, o governo do PT terminou o ano de 2004 com seu esquema de corrupção intacto. Chegara a 2005 acreditando que poderia continuar, impunemente, arrancando dinheiro da elite financeira que sempre criticara a fim de corromper a elite política que sempre combatera. Convencera-se de que Marcos Valério (uma invenção do PSDB) estaria eternamente ao seu lado, fazendo dinheiro cair do céu. E iludiu-se com a miragem de transmutação do serviço secreto, que, apesar de sabotar a esquerda desde que fora criada, em 1956, parecia agora atuar como escudo protetor dos negócios sujos do partido.

O PT pagaria caro pelos seus desvios e, principalmente, pela sua ingenuidade. No caso da Abin, a agência vigiava, sim, os adversários do governo Lula, mas vigiava também o PT, que nunca deixara de ser visto como um inimigo pela velha guarda do serviço secreto. Aliás, o inimigo predileto.

Era questão de tempo, pouco tempo, para que os escorpiões que andavam nas costas do PT mostrassem para que afinal serviam seus aguilhões.

CAPÍTULO 7

O curinga que virou mico

Roberto Jefferson era um fio desencapado na Praça dos Três Poderes e o motivo era um só: o calote milionário que tinha levado do PT. Depois de dois anos sendo enrolado por José Dirceu, José Genoino e Delúbio Soares — que haviam prometido 20 milhões de reais ao PTB, a título de "compromisso político", e entregaram somente 4 milhões de reais —, Jefferson não podia nem ouvir falar em estrela vermelha. Sua ira não era pequena e tampouco discreta. Mais de uma vez, fora visto aos berros na sede do PT, inclusive por Marcos Valério, esculhambando o tesoureiro do partido. "Eu quero o meu dinheiro...", dizia sem rodeios, e com sugestivas reticências.

Pressentindo o poder destrutivo da ira de Jefferson, o PT resolveu se mexer. Segundo a versão do deputado, a saída encontrada por José Dirceu para acertar as contas com o PTB foi armar uma operação para tentar captar dinheiro no exterior. Os recursos seriam "doados" por empresas privadas de Portugal que mantinham investimentos bilionários no Brasil. O intermediário, é claro, seria Marcos Valério. (Valério, José Dirceu e as empresas portuguesas negam peremptoriamente a versão de Jefferson, que, segundo eles, não passa de fantasia.)

Os alvos financeiros da operação, de acordo com Roberto Jefferson, eram a Portugal Telecom e o Banco Espírito Santo. Descrever as empresas é desfiar superlativos. Com 35 milhões de clientes espalhados pelo mundo, a Portugal Telecom — conhecida na terrinha como *PT* — era a maior empresa privada de Portugal e uma das maiores investidoras estrangeiras no Brasil. Em apenas seis anos, a companhia enterrara 7 bilhões de dólares no país, fornecendo serviços de telefonia em 21 das 27 unidades da federação. A jóia da empresa em terras brasileiras era a Vivo, maior operadora de celulares do país. Já o Banco Espírito Santo (BES) — maior banco privado de Portugal e também um dos grandes acionistas da Portugal Telecom — tinha investimentos da ordem de 1 bilhão de dólares no Brasil. Seus negócios no país se estendiam aos setores bancário, agropecuário, hoteleiro, turístico, imobiliário e industrial.

Empresas de uma mesma matriz financeira, a Portugal Telecom e o BES tinham planos de crescer no Brasil. Uma das prioridades da *PT* era comprar a Telemig Celular e, com isso, entrar no mercado de telefonia de Minas Gerais, o único grande estado onde a companhia não estava presente. O BES, por sua vez, almejava que o Instituto de Resseguros do Brasil (IRB) transferisse para os cofres do banco, em Lisboa, parte dos 600 milhões de dólares que a instituição mantinha fora do país como reserva internacional. Ambos os planos dependiam da boa vontade do poder público federal. No caso da Portugal Telecom, por dois motivos. Em primeiro lugar, porque a Telemig Celular operava com uma concessão pública. Além disso, era uma empresa privada — seu controlador era o Opportunity, de Daniel Dantas —, mas tinha entre seus sócios a Previ, o fundo de pensão do Banco do Brasil. O negócio do BES, por sua vez, também era subordinado à esfera federal. Afinal, o IRB — responsável por equilibrar o mercado brasileiro de seguros — era um órgão do Ministério da Fazenda.

Sujeitas aos humores do governo do PT, as gigantes portuguesas se renderam à política do beija-mão. Em outubro de 2004, o presidente da Portugal Telecom, Miguel Horta e Costa, veio ao Brasil para uma audiência com o presidente Lula. Na ocasião, divulgou-se que o empresário português — um sessentão elegante, de cabeça prateada, ternos impecáveis e lenço saltando no bolso do paletó — fizera questão de contar pessoalmente a Lula sobre os planos de investimento da *PT* no Brasil. Uma audiência como aquela era perfeitamente normal dentro das atribuições de um representante de uma grande multinacional e o presidente de um país interessado em investimentos estrangeiros. O mesmo não se pode dizer sobre o que aconteceu em seguida.

Poucos dias depois da audiência, Marcos Valério viajou a Lisboa para uma reunião com Horta e Costa. Certamente não era todo dia que o presidente da Portugal Telecom, responsável por interesses da empresa em nove países, recebia "publicitários" com negócios restritos ao Brasil. Nem era comum que, em se dispondo a recebê-los, pusesse a cicereoneá-los nas altas rodas portuguesas. Pois Valério não só conseguiu a proeza de abrir um espaço na atribulada agenda de Horta e Costa como o executivo da *PT*, após o encontro, levou-o à presença do ministro de Obras Públicas, Transportes e Comunicações de Portugal, António Mexia. Não parou por aí. Na mesma viagem, o operador do *valerioduto* foi recebido pelo todo-poderoso presidente do BES, Ricardo Salgado.

No futuro, quando questionado sobre a audiência concedida a Marcos Valério, António Mexia diria que o recebera na condição de "consultor do presidente do Brasil". Já Valério e o governo brasileiro negariam a versão. Segundo o operador, por mérito único e exclusivo seu, a maior empresa privada de Portugal, o maior banco de Portugal e um importante ministro português lhe abriram as portas.

Três meses depois, novas coincidências. Às 17:00 do dia 11 de janeiro de 2005, depois de tentar durante quase dois anos marcar uma audiência com José Dirceu, o presidente do BES no Brasil, Ricardo Espírito Santo, foi recebido no Palácio Planalto pelo ministro-chefe da Casa Civil. Nesse caso, não se pode falar em mérito do banqueiro. A reunião foi marcada por Marcos Valério, que dela também participou. Na versão oficial, Ricardo Espírito Santo e José Dirceu tiveram um encontro "institucional", em que o primeiro apresentou ao segundo os planos de investimento do BES no Brasil. Ponto final. Amnésicos, o ministro apagaria da memória a presença de Marcos Valério na reunião, e o banqueiro não se recordaria como conhecera o empresário que lhe abrira as portas do Palácio do Planalto. Só Valério não se esqueceria de ninguém.

Treze dias depois da audiência (de novo, o número cabalístico), o operador retornou a Lisboa para mais uma rodada de conversas com a Portugal Telecom. Dessa vez, levou consigo seu sócio e sombra, o advogado Rogério Tolentino, e o tesoureiro informal do PTB, Emerson Palmieri. Valério conta que seu objetivo era obter da Portugal Telecom o compromisso de que a SMP&B não perderia a conta publicitária da Telemig Celular, caso esta realmente fosse comprada pela gigante portuguesa. Se o negócio era puramente comercial, o que então o tesoureiro de um partido político fazia na comitiva? De acordo com Marcos Valério, Palmieri viajara com ele porque estava estressado e precisava descansar. Mas descansar como, se o grupo ficaria mais de 20 horas dentro de aviões e menos de 24 horas em solo português? Essa Valério não soube responder.

Palmieri e Roberto Jefferson se lembram de uma história diferente da contada pelo operador. Na versão do tesoureiro e do presidente do PTB, Valério teria ido a Lisboa fechar mais um negócio sujo para o PT. Segundo Palmieri e Jefferson, o PT embolsaria uma comissão de 20 a 24 milhões de reais caso Daniel Dantas e a Previ concretizassem a venda da Telemig Celular para a Portugal Telecom. A comissão seria dividida com o PTB, de modo a acertar definitivamente o "compromisso político" assumido em 2002. Assim, a mando de Roberto Jefferson, Palmieri viajara a Lisboa para testemunhar os entendimentos de Valério com a direção da Portugal Telecom.

Entre as duas versões, há alguns fatos. Na noite do dia 24 de janeiro de 2005, Marcos Valério, Emerson Palmieri e Rogério Tolentino embarcaram na primeira classe do vôo 8740 da Varig rumo à capital portuguesa. A trupe chegou a Lisboa por volta de 11:00 da manhã. Foram para um hotel cinco estrelas na região Baixa, o Tivoli, tomaram um banho rápido e saíram novamente. Para não perder tempo, Valério, Tolentino e Palmieri fizeram um lanche em frente ao hotel e então seguiram a pé para o edifício-sede da Portugal Telecom.

Na *PT*, Marcos Valério se identificou na portaria e obteve autorização para que o grupo subisse ao último andar do prédio, onde funcionava a presidência da empresa. Enquanto Tolentino e Palmieri esperavam do lado de fora, o operador teve um encontro a portas fechadas com Miguel Horta e Costa que durou de trinta a quarenta minutos. O que falaram na reunião ficou entre eles.

Depois do encontro, o grupo se dividiu. Valério anunciou que voltaria para o hotel, enquanto Tolentino e Palmieri decidiram ir às compras. O tesoureiro do PTB, que nunca tinha ido à Europa, enfurnou-se com Tolentino no tradicional magazine El Corte Inglés, de onde saíram por volta das 18:00. O grupo voltou a se reunir no hotel e saiu para jantar numa casa de fados. No dia seguinte, bem cedinho, Valério, Tolentino e Palmieri pegaram um vôo da TAP com destino ao Rio de Janeiro, encerrando a viagem.

* * *

Ao que se sabe, o resultado da Operação Portugal não foi dos melhores. Dinheiro, se houve, não chegou às mãos de Roberto Jefferson. E por causa disso a fúria do petebista aumentou ainda mais. As relações do PTB com o PT regrediam rapidamente quando, três meses após a viagem a Lisboa, Jefferson foi procurado pelo *comandante* Molina (o tal amigo de Artur Wascheck, empresário que armara o vídeo-alçapão nos Correios). Começava então uma nova operação para calar Roberto Jefferson, só que dessa vez sem dinheiro envolvido.

Avisado por Molina da existência da fita que mostrava o chefe do Departamento de Compras e Contratações dos Correios e afilhado do PTB, Maurício Marinho, enfiando 3 mil reais no bolso, o deputado pressentiu que aquela arapuca era obra de gente do governo. O palpite era bom. De fato, a Abin andava bisbilhotando nos Correios e, se não tinha participação no vídeo, sabia pelo menos da sua existência. Sabia, e o que é pior, não alertara a Presidência da República, a quem era indiretamente subordinada.

Com Lula rifado pelo serviço secreto e Jefferson se sentindo cada vez mais acuado, faltava apenas uma fagulha para detonar a crise. Em vez da fagulha, explodiu uma bomba. No dia 14 de maio de 2005, um sábado, a revista *Veja* chegou às bancas com uma longa reportagem sobre o esquema de corrupção nos Correios supostamente comandado pelo PTB e gerenciado por Jefferson. O ponto alto da matéria era o vídeo (transcrição e fotos) estrelado por Maurício Marinho. A fita chegara às mãos do repórter Policarpo Júnior, da *Veja*, por intermédio do araponga Jairo. Começava a ruir a história do PT.

Lula estava tão vendido pela Abin que demorou a ser informado da gravidade do assunto. Ainda na madrugada de sábado, o chefe-de-gabinete da Presidência, Gilberto Carvalho, havia sido informado da reportagem da *Veja* por um colega que a lera na internet (em Brasília, a revista só chega no domingo). Sem acesso à *Veja* pela internet, que é restrito a assinantes e compradores da revista em banca, Carvalho decidiu não incomodar o chefe com o problema. Acreditava que o tema não valia a interrupção do sono do presidente. De manhã cedinho, Gilberto Carvalho recebeu outra ligação com o mesmo conselho: que avisasse logo o presidente sobre a denúncia que começava a circular na praça. Dessa vez, o secretário particular de Lula recebeu uma senha para acessar a versão eletrônica da *Veja*. Carvalho entrou na internet e leu a reportagem. A ficha então caiu, e ele foi correndo falar com o presidente.

Traído e mal-assessorado, Lula conseguiu piorar ainda mais sua situação. Fiando-se no seu lendário poder de sedução, o presidente não montou nenhuma operação especial para desarmar a bomba-relógio em que Jefferson se transformara. Limitou-se apenas a chamar um mensageiro confiável para mandar um recado a seu aliado: "Diga ao Roberto Jefferson que sou solidário a ele. Parceria é parceria. Tem de ter solidariedade." O apoio velado de Lula, no entanto, não servia a Roberto Jefferson. O deputado queria sinais claros e sobretudo explícitos de que contaria com o respaldo do governo para esmagar as denúncias. Não os obteve. Em vez disso, José Dirceu deu uma entrevista na TV em que dizia que o governo do PT não roubava nem deixava roubar. E evitou solidarizar-se com Jefferson.

Nas duas edições seguintes, *Veja* novamente voltou seus canhões contra o PTB e o presidente nacional do partido. Além de suposto comandante do esquema de propinas dos Correios, Jefferson foi acusado de ligação com grupos que roubavam no IRB, na Infraero, na Polícia Rodoviária Federal, no INSS, na Agência Nacional do Petróleo, em Furnas e até no Instituto Nacional de Traumatoortopedia. A oposição já falava abertamente em criar uma CPI para investigar os casos

O OPERADOR

de corrupção no governo. O governo, por sua vez, fingia que o problema era única e exclusivamente do PTB.

Paciência tinha limite, e a de Jefferson estava por um triz. No final de maio, José Dirceu e o ministro Aldo Rebelo (Coordenação Política) foram à casa do presidente do PTB para tentar amansar a fera. Foi quando Jefferson ameaçou Dirceu: "Na cadeira em que eu me sentar na CPI, também vão se sentar você, o Delúbio e o *Silvinho*." Parecia blefe, mas não era.

Dias depois, Marcos Valério recebeu um recado de um tucano que o conhecia de outros carnavais: "Estão de olho em você." Dessa vez, não dava para o operador fazer nada. Já era tarde.

* * *

As seções de esportes dos jornais do dia 6 de junho traziam grandes coberturas da vitória da seleção brasileira de futebol sobre o Paraguai, ocorrida no dia anterior, em mais uma rodada eliminatória da Copa 2006. Mesmo sem a presença do artilheiro Ronaldo e do capitão Cafu, a seleção mostrara um futebol excepcional, ganhando do Paraguai por 4 a 1. Com a vitória, o Brasil ficava somente um ponto atrás da líder Argentina e praticamente garantia uma vaga no mundial da Alemanha. A goleada tinha tudo para virar o assunto da segunda-feira, em geral um dia morno no quesito notícias. Não virou.

A sensação do noticiário naquela segunda-feira estava nas páginas de política da *Folha de S.Paulo*. Treze anos e 13 dias depois de *Veja* trazer a histórica entrevista em que Pedro Collor delatava o irmão, a *Folha* repetiu o feito. Em entrevista à repórter Renata Lo Prete, Roberto Jefferson contou que o governo do PT dera a parlamentares do PP e PL uma propina mensal de 30 mil reais em troca de apoio no Congresso.

Segundo o relato de Jefferson, o chamado "mensalão" tinha sido pago por Delúbio Soares até o início do ano, quando fora então suspenso. Na entrevista, o deputado disse que alertou o presidente Lula e os ministros José Dirceu, Aldo Rebelo, Antonio Palocci (Fazenda) e até o petebista Walfrido dos Mares Guia (Turismo) sobre o esquema de compra de deputados. "Eu sempre disse aos meus companheiros, e eles são testemunhas desde o início, o PT não tem coração, só tem cabeça. Ele nos usa como uma amante e tem vergonha de aparecer conosco à luz do dia", afirmou o deputado.

Por que Roberto Jefferson decidira arrombar o esquema, já que isso certamente provocaria sua ruína política? Simples: ele percebeu que o governo e o PT não moveriam uma palha para tirá-lo do atoleiro dos Correios. Imaginou até que José Dirceu, em parceria com a Abin, pudesse ter provocado a situação, a fim de eliminar um aliado que se tornara inconveniente. "Estou percebendo que estão evacuando o quarteirão, e o PTB está ficando isolado para ser explodido", disse.

O governo, o PT, os partidos aliados e a sociedade em geral ainda não tinham recuperado o fôlego quando, seis dias depois, Roberto Jefferson deu uma nova entrevista à *Folha*. Dessa vez, o deputado foi mais específico sobre como supostamente funcionava o "mensalão". Disse que o dinheiro era desviado de estatais ou obtido ilegalmente com empresas privadas e que chegava a Brasília em malas. Em meio a nomes de ministros, parlamentares e dirigentes partidários, Jefferson mencionou, pela primeira vez, uma pessoa absolutamente desconhecida da imensa maioria dos brasileiros. "Tem um grande operador que trabalha junto do Delúbio, chamado Marcos Valério, que é um publicitário de Belo Horizonte. É ele quem faz a distribuição de recursos", contou o deputado. Jefferson também se auto-incriminou, ao assumir que o PT havia repassado 4 milhões de reais ao PTB. "Quem trouxe o recurso à sede do PTB foi o Marcos Valério, em malas de viagem", disse ele.

O relato de Roberto Jefferson continha imprecisões e chutes, como o fantasioso pagamento mensal de 30 mil reais. Mas, nas suas muitas verdades, acertara o coração do governo. A crise se alastrou como fogo e pegou o governo num péssimo momento. Enfraquecido com denúncias anteriores de corrupção (casos Waldomiro Diniz, Romero Jucá, Vampiros da Saúde etc.), com a corrosão da base aliada e com a perda da eleição para a presidência da Câmara dos Deputados, o governo sentiu o golpe. E vergou.

A fragilidade do PT injetou ânimo nos partidos de oposição, que no passado haviam usado esquemas semelhantes ou até mesmo o do próprio Marcos Valério, como era o caso do PSDB. Também despertou a veia investigativa da grande imprensa, que até então ignorara solenemente a primeira denúncia da existência do "mensalão", feita pelo *Jornal do Brasil* quase nove meses antes. Na ocasião, o então presidente da Câmara, João Paulo Cunha, determinou à Corregedoria da Casa que apurasse o caso. A investigação foi aberta e fechada no mesmo dia, sem que ninguém fosse chamado a depor. Sobrou para o *JB*. Instado por João Paulo, o procurador da Câmara, Luiz Antônio Fleury Filho (PTB-SP), moveu uma ação contra o jornal, que foi obrigado a conceder direito de resposta à Câmara. Na época, nenhum outro jornal ou revista foi atrás da história.

Com o governo na lona, o negócio era faturar. Os veículos de comunicação desencadearam uma concorrência feroz por furos de reportagem sobre o "mensalão". A *IstoÉ Dinheiro* desengavetou a fita com a secretária Fernanda Karina, que estava guardada havia nove meses, deu uma recauchutada na entrevista e pôs nas bancas com ares de grande denúncia. Com o mercado de notícias em alta, jornais, revistas

O CURINGA QUE VIROU MICO

e TVs precisavam encontrar um vilão. Havia muitos. Bordoadas seriam distribuídas a granel, mas o título de vilão, este estava reservado a uma única pessoa. De preferência, que tivesse um rosto (e não fosse uma empresa ou um banco) e que não tivesse lá grande poder de reação.

A farra de Marcos Valério chegara ao fim. O curinga do PSDB e do PT havia se transformado em mico.

CAPÍTULO 8

CPI é show

Para tentar impedir a criação de uma CPI, a primeira estratégia adotada pelo governo e pelo PT foi desqualificar Roberto Jefferson. Afinal, além de não apresentar provas de suas denúncias, o petebista possuía um currículo nada abonador. Amparado em sua biografia ilibada, o presidente do PT, que avalizara empréstimos para o partido junto com Marcos Valério, deu a deixa: "A relação com o PTB e com os demais aliados sempre foi institucional, de participação no governo, nada envolvendo dinheiro. O relacionamento do PT com outros partidos da base se assenta em pressupostos políticos e programáticos", disse José Genoino.

Com 10,8 milhões de reais recebidos no *valerioduto*, Valdemar Costa Neto (PL-SP) foi menos diplomático: "Tudo não passa de invenção." Pedro Corrêa (PP-PE), um dos que mandavam *João Mercedão* à agência do Rural, saiu pela tangente, afirmando que nunca soubera que deputados de seu partido tivessem recebido o "mensalão". Também do PP, José Janene (4,1 milhões no *valerioduto*) chutou o balde, chamando Roberto Jefferson de "louco, canalha e maníaco-depressivo".

Não colou. As afirmações de Jefferson eram tão factíveis que, mesmo sem provas, ganharam credibilidade. Restou ao governo colocar em ação seu plano B, ou seja, abrir o cofre. Para evitar que um terço dos 513 deputados e 81 senadores assinassem o pedido de cria-

O OPERADOR

ção da CPI e fazer com que as assinaturas já protocoladas fossem retiradas, o Planalto despejou 400 milhões de reais no Congresso, na forma de liberação de emendas parlamentares. Na véspera do prazo para a contagem final das assinaturas, 25 de maio, o líder do PT na Câmara, o paraense Paulo Rocha (920 mil reais no *valerioduto*) mostrou-se esperançoso. "Estamos no processo de convencimento com a certeza de que até a meia-noite teremos condições de reverter esse quadro." À meia-noite, sobrando assinaturas para a criação da CPI, o Partido dos Trabalhadores começou a pagar o preço por ter vendido a alma.

No dia 9 de junho — 13 anos após a instalação da CPI do PC Farias —, a malbatizada CPI dos Correios deu início a seus trabalhos. O show iria recomeçar.

Pouco antes, Marcos Valério ainda tentara espantar a pecha de operador do esquema do PT, mas escolhera uma desculpa por demais esfarrapada. Ao explicar o volume estratosférico de saques em dinheiro em contas bancárias de suas empresas, saiu-se com esta: "Lido com gado. Há fazendeiros que simplesmente não aceitam cheque." Depois, vendo que o abismo era fundo e inevitável, chamou o tesoureiro do PT a Belo Horizonte para que pudessem combinar uma estratégia de defesa comum. No encontro, estabeleceram que Valério assumiria ter feito empréstimos bancários em nome de suas empresas a pedido do amigo Delúbio. Também ficou combinado que o tesoureiro do PT figuraria como a única pessoa do partido ciente da jogada. Assim, ficaria escancarado que o PT fizera caixa dois, mas o fato seria atenuado pela versão de que o dinheiro provinha de empréstimos e não de corrupção. O problema, portanto, se restringiria à esfera da Justiça Eleitoral. Marcos Valério prometeu que jamais se afastaria dessa baliza. Mas avisou: entregaria à CPI os pagamentos que fizera em nome do

CPI É SHOW

PT. "Gosto muito de você, Delúbio, mas seu partido não merece meu sacrifício", disse o empresário. Terminada a reunião, cada um foi para seu lado, sabendo que em breve ambos carregariam os pecados de muita gente.

No dia 15 de julho, Marcos Valério deu uma entrevista ao *Jornal Nacional*, da Rede Globo, em que contou que o dinheiro que movimentara para o PT fora emprestado pelos bancos Rural e BMG. A versão foi confirmada por Delúbio no dia seguinte, também em entrevista ao *JN*. Soou a armação. Os empréstimos eram falsos, denunciou a oposição, batizando-os de "Operação Paraguai", um apelido infeliz que geraria mal-estar diplomático com o país vizinho.

Preservados os anéis, era hora de entregar os dedos. No dia 1º de agosto, Marcos Valério enviou à CPI uma lista com 31 beneficiários do *valerioduto*. O documento incluía nomes de parlamentares e caciques do PT, PP, PL, PMDB e PTB que por indicação de Delúbio teriam recebido um total de 55.841.227 reais e 81 centavos.

* * *

Não é exagero: a vida de Marcos Valério virou um inferno. Acossado pela imprensa, pelo Ministério Público, pela Polícia Federal e pela CPI, o empresário gastava os dias a se defender. Ou pelo menos a tentar. Não era fácil. Fatos novos surgiam diariamente, e cada fio que se desenrolava do novelo complicava ainda mais a situação de Valério perante a Justiça e a sociedade. Com medo de ser preso, ele emagreceu dez quilos em três meses. Perdeu todos os contratos de publicidade nos governos federal e de Minas e assistiu impotente à desesperada fuga de clientes privados de suas agências, temerosos de que seus nomes pudessem ser ligados ao do terrível Marcos Valério. Em poucos meses, com 22 e 23 anos de existência, respectivamente, a SMP&B e a DNA viraram pó. As notas fiscais da DNA foram literalmente parar na sarjeta. A polícia civil de Minas encontrou um punhado delas queimando na rua, numa operação possivelmente armada para apagar provas de crimes.

Depois de despedir cerca de trezentos empregados, o antes todo-poderoso Marcos Valério se refugiu no pequeno escritório de Rogério Tolentino, na Savassi, onde a dupla montou um verdadeiro *bunker*. Passavam os dias à base de pizzas e sanduíches, enquanto preparavam a defesa do empresário. A mídia expôs Valério de uma forma tão negativa que sua segurança pessoal e a de sua família ficaram ameaçadas. Sua casa no bairro Castelo foi apedrejada, e a outra, no condomínio Retiro do Chalé, virou *point* de repórteres e curiosos. O empresário teve de contratar seguranças, mas mesmo assim, quando foi reconhecido algumas vezes dentro do carro, não escapou de ser xingado de "ladrão". Almoçar em restaurantes, dar uma volta na rua, ir à padaria? Nem pensar. Era perigoso. E não apenas pela possibilidade de topar com algum cidadão de sangue mais quente. A partir de escutas telefônicas instaladas para investigar uma quadrilha de traficantes de droga, a polícia carioca descobriu que o ladrão de bancos e estelionatário Sérgio Sebastião Alves, vulgo *Excelência*, planejava seqüestrar Marcos Valério. O bandido foi preso após ser flagrado contando a um comparsa que seu plano estava adiantado. Na conversa, *Excelência* chamava Valério de "malandro".

Com 46 anos de idade e um patrimônio declarado de mais de 14 milhões de reais, o operador tinha se transformado num "molambo", segundo suas próprias palavras. Numa entrevista à rádio Eldorado, de São Paulo, em agosto, Marcos Valério definiu a sua situação: "Daqui a dez anos, vinte anos, a história voltará sempre em cima de mim. Até porque eu sou um homem que eles decidiram marcar a ferro."

Valério, a nova versão do "cristo-jesus arredado do arrocho da autoridade", não sofreu sozinho. Arrastou também a sua família para o purgatório. Um dia, o filho João Vítor, de 4 anos, viu o pai na TV, depondo na CPI. "Olha o papai", disse o menino. A mulher do empresário correu e desligou a televisão. "Não era o seu pai, era o Ronaldinho", desconversou Renilda. Mais difícil foi esconder a situação de Nathália, a filha de 14 anos. Em julho, a menina sagrou-se campeã infantil de hipismo, depois de vencer a prova final da competição, em Brasília. Era seu primeiro título nacional. No pódio, Nathália viu um repórter se aproximar e, sem maldade, pensou que ele queria entrevistá-la sobre o prêmio. As perguntas, no entanto, nada tinham a ver com hipismo. "Como é ser filha de Marcos Valério? O que você acha das coisas que seu pai fez?", questionou o jornalista. Paralisada, a menina foi retirada do local pelo técnico e por amigos.

Vendo seu marido se tornar um vilão nacional e sua família ser confinada dentro de casa, Renilda desabou. Na verdade, sua agonia começara em fevereiro, três meses antes do estouro do escândalo. Naquele mês, Marcos Valério contou à mulher que tinha avalizado um empréstimo para o PT no valor de 2,4 milhões de reais — na verdade ele tinha feito bem mais que isso. Renilda descontrolou-se. O casal estava no Cepel, numa mesa cercada de gente, mas ela não quis saber. "Como você pôde fazer isso? Que garantias eles te deram?", questionou com o tom de voz alterado, para espanto dos presentes.

Nos primeiros dias da crise, Renilda não saiu do quarto e chorou o dia inteiro. Quando conseguiu pôr-se de pé, foi até uma agência do BankBoston sacar 1,9 milhão de reais de uma aplicação. Em vez de sair com o dinheiro, passou um dos maiores vexames de sua vida. Depois de movimentar milhões para Marcos Valério, inclusive no exterior, sem nunca ter perguntado a origem do dinheiro, o BankBoston resolveu que não participaria mais das aventuras do empresário. O banco então avisou ao Coaf que sua cliente queria sacar o dinheiro. No mesmo dia, a informação foi repassada ao Ministério da Justiça, ao Banco Central, à Procuradoria Geral da República e ao Supremo Tribunal Federal. Por fim, o ministro do STF Nelson Jobim determinou que as contas de Renilda fossem bloqueadas, inclusive a de número 34.524.202 do BankBoston, onde a dona-de-casa mantinha a aplicação.

Nada se compara, porém, ao que Renilda passou no dia 26 de julho de 2005. Naquele dia, a dona-de-casa depôs na CPI. Integrantes da comissão imaginaram que, pressionada, ela contaria algumas verdades sobre os negócios do marido. Renilda tinha um ponto fraco: figurava como testa-de-ferro de Valério em empresas e patrimônio. E foi exatamente por aí que alguns parlamentares começaram por provocá-la. "A senhora é uma grande laranja", definiu o deputado Pompeo de Mattos (PDT-RS). "Sócia omissa", atacou Moroni Torgan (PFL-CE). O mesmo deputado fez um apelo exagerado para que ela contasse tudo o que sabia: "Dona Renilda, não deixe confundirem a senhora com PC Farias." Quem pegou mais pesado, contudo, foi o deputado Arnaldo Faria de Sá (PTB-SP). Ex-candidato a vice-prefeito na chapa de Paulo Maluf e ex-líder do partido de Fernando Collor, o deputado vestiu a pele de paladino do Congresso e botou para quebrar. "Você comprou as mentiras que ele falou aqui?", perguntou a Renilda, referindo-se ao depoimento de Marcos Valério à CPI, ocorrido dias antes. Depois, o deputado sugeriu à depoente que tomasse medidas urgentes em relação aos supostos empréstimos feitos pelo marido para abastecer o PT. "Se você [Renilda] diz que está preocupada com os seus filhos, é bom você saber que, continuando do jeito que está, e o PT já declarou que não vai pagar [os empréstimos], você vai perder todos os seus bens. Você não vai deixar nada para o João Vítor e nada para a Nathália. É isso que você quer?", questionou. Por fim, mesmo sabendo que o depoimento era transmitido ao vivo pelas TVs, exigiu que Renilda falasse o número do telefone celular de Marcos Valério. Ela ainda tentou contornar a situação, dizendo que deixaria anotado depois. "Não, eu quero agora", insistiu Faria de Sá. Precisou o presidente da comissão, Delcídio Amaral (PT-MS), convencer seu colega de que aquilo não era necessário.

A melhor definição do espetáculo foi dada pela senadora Heloísa Helena (PSOL-AL): "O mundo que estamos investigando, senhora Renilda, é um mundo muito ruim, é o mundo da política, é o mundo das relações promíscuas, é o mundo onde alguns [...] vivem quase que se desgastando todos os dias para tentar serem sérios no mundo do suborno, da chantagem, do utilitarismo, de pessoas que podem abraçá-la um dia e abraçar o seu marido um dia e, no outro, jogam o seu marido no lixo como se fosse um verme descartável, porque já não serve às pessoas que sempre serviu. Esse é o mundo da política."

Em mais de oito horas exposta no centro do palco armado no "mundo da política", Renilda não entregou nenhum desvio do marido — e ainda deu uma estocada em José Dirceu, dizendo que o ministro sabia dos "empréstimos". Mesmo com o casamento em crise, deprimida e tendo de recorrer ocasionalmente ao ansiolítico Rivotril para reencontrar o equilíbrio, ela segurou tudo. Chorou cinco vezes na frente de parlamentares, de jornalistas e de milhões de telespectadores e mais duas vezes no banheiro da ante-sala da CPI. Depois do "pau-de-arara ao vivo", como Renilda definiu, a depressão aumentou e ela ficou dois dias sem sair de casa. A um repórter que a procurou com perguntas, ela retrucou: "A minha família acabou, e daí? O que é que você tem a ver com isso?" Depois, caiu no choro de novo. Mas da sua boca não saiu nada.

Menos de dois meses após o depoimento de Renilda, Valério sofreu outro baque. Aos 65 anos de idade, seu pai, Adeliro, morreu vítima de um acidente vascular cerebral.

* * *

Pela primeira vez no papel de vidraça numa investigação no Congresso, o PT desfiou uma série interminável de mentiras. Genoino negou que tivesse assinado empréstimos junto com Marcos Valério. João Paulo, por sua vez, afirmou que sua mulher tinha ido à agência do Banco Rural no Brasília Shopping só para pagar uma prestação de TV a cabo. Paulo Rocha confirmou que sua assessora fora ao mesmo shopping, mas apenas para consultas médicas. Já o deputado Professor Luizinho (SP) alegou que o nome que constava como sacador de 20 mil reais no Rural não era o de um assessor seu, mas sim o de um homônimo. Em 11 horas de depoimento na CPI, Sílvio Pereira disse 15 vezes que falava a verdade. Mas, quando questionado sobre quem havia pago seu Land Rover, calou-se. Henrique Pizzolato contou que mandara buscar um envelope no banco, mas que não tinha verificado o que havia dentro — quase quatro quilos de dinheiro. Até o marqueteiro do PT caiu em mentira. Ao apresentar-se espontaneamente à comissão, Duda Mendonça disse que nunca havia movimentado dinheiro no exterior até trabalhar para o PT.

Como uma panela de pressão que tem a tampa arrancada, de repente começou a voar sujeira do PT para todo lado. Em julho, José Adalberto Vieira da Silva, petista que assessorava o deputado estadual José Guimarães (CE), irmão de José Genoino, foi preso no aeroporto de Congonhas, em São Paulo, quando embarcava num avião para Fortaleza com 200 mil reais numa bolsa e 100 mil dólares escondidos na cueca. Um mês depois, o PT se enrolou todo com outra história estranha: uma dívida de Lula com o partido, de 29 mil reais, contraída quando ele ainda era candidato, foi paga em dinheiro. Depois de negar que a dívida existia, o partido mudou a versão e disse que o presidente do Sebrae e amigo de Lula, Paulo Okamotto, tinha saldado o débito sem avisar o presidente.

Casos escabrosos também invadiram a intimidade da família Lula da Silva. A imprensa divulgou, em julho, que a Telemar injetara 5 milhões de reais na Gamecorp, uma empresa que produzia conteúdo para a internet, sobretudo jogos. Depois se soube que a Telemar colocara mais 5 milhões de reais na Gamecorp, para patrocinar um programa de TV comandado pela empresa. O problema estava nas duas pontas do negócio. Por um lado, a Telemar (empresa de telefonia que funciona com concessão pública) tinha 45% de seu capital nas mãos do Banco Nacional de Desenvolvimento Econômico e Social (BNDES) e de fundos de pensão de autarquias e estatais. Por outro, a Gamecorp tinha entre seus sócios um dos filhos do presidente, Fábio Lula da Silva, o *Lulinha*. Em defesa do contrato, a Telemar, a Gamecorp e o próprio presidente da República saíram a público para dizer que o negócio era como outro qualquer. Estranho, no entanto, era o fato de que Lula havia proibido seu filho de fazer acordo semelhante com a Brasil Telecom, de Daniel Dantas, por tratar-se de um arquiinimigo de uma banda do PT.

Nem Antonio Palocci, o blindado ministro da Fazenda, escapou. Semana sim e outra também, pululavam relatos de desvio de dinheiro público na gestão de Palocci na prefeitura em Ribeirão Preto, interior de São Paulo. Que havia ocorrido desvio de dinheiro público em

Ribeirão Preto — e muito, e de forma constante e organizada —, não havia mais dúvida. A questão que se discutia era se Palocci sabia ou não. Em março de 2006, o ministro acabou caindo ao protagonizar uma das maiores baixezas do governo Lula. Acusado pelo caseiro Francenildo Costa de freqüentar a chamada "casa do *lobby*" (mansão de Brasília onde ex-auxiliares do ministro costumavam reunir-se para discutir negociatas e promover festas com garotas de programa), Palocci mandou quebrar o sigilo bancário do caseiro, segundo investigação feita pela Polícia Federal. De posse dos dados, um assessor do ministro teria vazado as informações para a revista *Época*. O tiro, no entanto, saiu pela culatra. Descoberta a armação, Francenildo passou de suspeito a herói, e Palocci foi escorraçado do governo e indiciado pela PF.

A metamorfose do PT foi tão profunda que surpreendeu até o PT. Parlamentares, dirigentes, militantes, eleitores e simpatizantes que não tinham a menor idéia do que fazia a cúpula do partido, sobretudo a cúpula "paulista" (Dirceu, Genoino, Delúbio, *Silvinho*, João Paulo etc.), entraram em parafuso. O deputado Fernando Gabeira (PV-RJ), um ex-petista, sintetizou o abalo que a crise do PT provocava na esquerda como um todo:

> Enfrentamos cadeia, tortura e exílio e de certa forma sobrevivemos moralmente inteiros. A experiência do poder quebrou mais nossa vontade do que todos os paus-de-arara. Os holofotes e o cordão de puxa-sacos nos confundiram mais do que choques elétricos.

Depois resumiu:

> Eles [os petistas] não tinham um projeto de Brasil, não tinham um projeto de nação. Tinham um projeto de poder.

CPI É SHOW

Menos formal, mas tão preciso quanto Gabeira, foi Eduardo Jorge, deputado federal pelo PT durante 16 anos: "Seria uma pena assistirmos a um Anakin ainda jovem, embora pretensioso, se tornar um Darth Vader tropical decadente", afirmou ele, fazendo referência ao jovem personagem da série de filmes *Guerra nas estrelas*, de George Lucas, que opta pelo "lado negro da força" e se transforma num vilão das galáxias.

Prova viva da crise de identidade que revolvia as entranhas do PT era o recém-empossado presidente interino do partido, Tarso Genro (RS). Em agosto, num exagero de sinceridade, ele afirmou — em público! — que, naquele momento, "não saberia dar argumentos" para que um eleitor votasse nos candidatos petistas. Se o presidente da legenda pensava assim, imagine o que passava nas mentes e corações do restante do partido. Cair fora, por exemplo, era um dos pensamentos recorrentes, e muitas vezes transformado em ação. Levas de parlamentares e militantes deixaram o PT. Os eleitores também. Em meados de dezembro — cinco meses após o estouro da crise —, o Datafolha aferiu que o PT havia perdido um terço dos simpatizantes. No prazo de apenas um ano, a porcentagem de eleitores que dizia ter preferência pelo partido caíra de 24% para 16%. (Um dado curioso da pesquisa, contudo, viria a alimentar esperanças do PT: os demais partidos não haviam ganhado nem perdido simpatizantes, mostrando que petistas e pró-petistas se sentiam órfãos, mas sem vontade imediata de procurar pais adotivos.)

Na debandada ocorrida no PT, dois nomes em especial causaram comoção: Plínio de Arruda Sampaio, de 75 anos, e Hélio Bicudo, de 83. O primeiro era fundador e um dos símbolos do partido, integrante da primeira leva de deputados federais petistas e coordenador da primeira campanha de Lula a presidente da República. Não menos importante era Hélio Bicudo, também fundador e ex-deputado federal do partido além de vice-prefeito de São Paulo na administração petista de Marta Suplicy. Franzino de corpo, sempre muito polido e avesso a exposição, o ex-procurador que enfrentara o Esquadrão da Morte de São Paulo no final da década de 1960 saiu do PT cuspindo fogo. "O partido se afastou dos princípios éticos e morais", disse ele. Questionado por uma jornalista se acreditava que Lula sabia dos desvios praticados pela cúpula do partido, Bicudo não poupou o presidente. "Lula é um homem centralizador. Sempre foi presidente de fato do partido. É impossível que ele não soubesse como os fundos estavam sendo angariados e gastos e quem era o responsável", afirmou.

No dia 11 de agosto, petistas de passado limpo e honrado, como Plínio e Bicudo, sentiram mais um punhal ser cravado em suas costas. Naquela quinta-feira, Duda Mendonça apareceu na CPI dos Correios e confessou que o PT o havia pago com dinheiro de caixa dois. Pior: os recursos tinham sido enviados para uma conta bancária que o publicitário movimentava nos Estados Unidos, cujo titular era uma *offshore* sediada nas Bahamas. Teve gente que não agüentou. Alguns deputados petistas, como Chico Alencar (RJ), choraram no plenário da Câmara.

Um dia depois da confissão de Duda e da cena do choro petista, Lula aproveitou uma reunião ministerial na Granja do Torto para falar à nação. Meio sem jeito, olhando para um ponto muito acima da câmera que o filmava, o presidente ensaiou um desabafo:

> Quero dizer a vocês, com toda a franqueza: eu me sinto traído. Traído por práticas inaceitáveis, das quais nunca tive conhecimento. Estou indignado pelas revelações que aparecem a cada dia e que chocam o país. O PT foi criado justamente para fortalecer a ética na política.

CPI É SHOW

A verdade era que, assim como o PT, Lula também havia perdido o eixo. Nos eventos públicos, chorava mais que de costume e passou a exibir um broche de Nossa Senhora Aparecida na lapela do paletó. No dia 25 de agosto, lá estava Lula com a santa numa reunião no Planalto, quando, dando socos no púlpito, avisou que não pretendia renunciar ou suicidar-se.

> Crise nesse país já levou o presidente Getúlio a se matar, Juscelino a ser mais achincalhado do que qualquer outro presidente desse país, o Jânio desistiu por causa do inimigo oculto [...]. O Jango foi obrigado a renunciar. Não vou dizer o nome do mais recente [Fernando Collor], mas vou dizer uma coisa, sou homem de consciência muito tranqüila. Não farei como Getúlio, Jânio ou João Goulart. O meu comportamento será o de JK: paciência, paciência, paciência.

Afora ter dito que Jango renunciara, quando na verdade tinha sido vítima de um golpe militar, Lula sem querer acabou repetindo as célebres palavras daquele a quem justamente evitara mencionar. "Paciência, paciência, muita paciência" era o que Collor sempre repetia para si, lembrando os conselhos de seu pai, Arnon de Mello.

Com a imagem abalada e correndo o risco de enfrentar um processo de *impeachment* — "O presidente sabia do *valerioduto*?", perguntava-se na CPI —, Lula apelou às massas para conseguir manter-se no cargo. Sua agenda passou a privilegiar eventos em que pudesse estar junto do povo, como almoços com petroleiros, encontros com metalúrgicos, reuniões com caminhoneiros e cerimônias no Palácio do Planalto com a presença de faxineiros. Depois de governar dois anos em sintonia fina com as reivindicações da elite, Lula passou a atacá-la. Em eventos armados para aparecer no meio do povo, o presidente soltava frases como "Não vai ser a elite brasileira que vai me fazer abaixar a cabeça" ou "Eles vão ter que me engolir outra vez, porque o povo brasileiro vai querer" e ainda "Eu não devo a minha eleição a conchavos políticos, eu devo a minha eleição a 52 milhões de homens e mulheres deste país". Em Luziânia, Goiás, chegou a reclamar para si a condição de homem mais honesto do Brasil. "Ninguém neste país tem mais autoridade moral e ética que eu", disse o presidente.

Apesar do esforço, o que acontecia na realidade, e já fazia um bom tempo, é que, cada vez mais, exemplos de moral e ética que acompanhavam Lula havia décadas — como o jornalista Ricardo Kotscho, o dominicano Frei Betto e o empresário Oded Grajew — deixavam o governo, desconsolados com os rumos da administração petista.

Enfraquecido pela crise e fragilizado pelo esfacelamento de sua base no Congresso, o governo Lula começou — de forma um tanto precoce, diga-se de passagem — a ser dado como morto. Em menos de dois meses, o mesmo diagnóstico foi feito por três fontes diversas:

> Esse governo acabou. Será monitorado pelo PFL e pelo PSDB, que a cada momento vão tirar da cartola uma nova acusação. Do ponto de vista administrativo, resta um ano e meio de Presidência. Portanto, continuará como mero governo administrativo, sem capacidade de operar reformas. (Do sociólogo e ex-petista Francisco Oliveira.)

> Lula provavelmente perdeu sua capacidade de conduzir o país. Ele será agora uma figura decorativa, um presidente que ninguém vê porque está se encontrando com estrangeiros. (Do cientista político e brasilianista norte-americano Thomas Skidmore.)

CPI É SHOW

Foi um curto governo, que no seu breve período frustrou esperanças e realizou pouco. (Do economista e ex-ministro Luís Carlos Bresser Pereira.)

Lula não caiu por dois motivos. Primeiro porque a oposição decidiu não embarcar na aventura do *impeachment*, receosa de que talvez tivesse mais a perder do que a ganhar. A linha sucessória — formada, pela ordem, pelo vice-presidente José Alencar (PL), e pelos presidentes da Câmara, Severino Cavalcanti (PP-PE), e do Senado, Renan Calheiros (PMDB-AL) — inspirava cuidados políticos e econômicos. Além de ser um defensor da queda abrupta nas taxas de juros, Alencar era de um partido envolvido com o *valerioduto* até a medula. Já Severino Cavalcanti era imprevisível. E Renan, ex-líder do governo Collor, poderia ser alvo de investigações embaraçosas por parte da imprensa.

Outro fator que ajudou a segurar Lula na cadeira presidencial foi a apatia popular. Ao contrário do que acontecera na época de Collor, o povo não estava nas ruas pedindo a saída do presidente. A oposição bem que tentou. No feriado cívico de Sete de Setembro, os cidadãos foram convocados a bater panelas, tocar cornetas e buzinar em sinal de protesto. "Faça a nação tremer por um minuto. Aí, sim, saberemos que somos um povo que resgatou a esperança", dizia o chamado. A manifestação foi um fracasso de público e animação.

Carentes de apoio popular e sem perspectivas políticas confiáveis, os adversários de Lula (dentro e fora do Congresso) optaram por deixá-lo agonizando até a eleição de 2006, quando um novo presidente seria eleito. Num editorial corajoso, o jornal *O Estado de S.Paulo*, arauto das oligarquias brasileiras desde 1875, tascou o título "Ruim com ele, pior sem ele" para expressar sua posição em relação a Lula. Postura semelhante foi assumida por outros agentes políticos, sociais

O OPERADOR

e econômicos que, se quisessem, teriam força suficiente para fazer dobrar o fragilizado governo do PT. O Exército também manteve uma prudente distância da crise, apesar de acompanhar seus desdobramentos e investigar seus bastidores, por intermédio do Centro de Inteligência do Exército (CIE), sobretudo em Brasília e Minas.

A ruína do governo Lula não seria decidida num processo regular de *impeachment* ou numa quartelada. O palco da desgraça do PT era outro. De forma lenta, calculada e controlada, o partido seria sangrado vivo na CPI até a última gota de sangue. O plano era esse. Se ia dar certo, já era outra história.

* * *

A temporada do circo voltou ao Congresso Nacional. O circo policialesco das comissões de inquérito. O histrionismo dos figurões e figuronas — travestidos em delegadões e promotoronas — invade os lares perplexos dos brasileiros. No centro do picadeiro, o enredo é o mesmo: corrupção político-partidária. Velha novela reprisada por novos atores. Os heróis de ontem, vilões de hoje.

Quem fala é Roberto Jefferson, estopim e ao mesmo tempo alvo da CPI. Ou melhor, das CPIs. Na disputa por uma boa colocação na onda da crise, os parlamentares criaram três comissões para, no fundo, investigar a mesma coisa: as denúncias de corrupção (passadas, presentes e futuras) que envolviam o PT. A CPI do Mensalão era a mais chocha. A dos Bingos, a mais confusa. E a CPI dos Correios, a mais animada. Com o poder de quebrar sigilos, convocar depoentes, promover diligências e realizar perícias, elas produziram material suficiente para expor as vísceras do PT. E o que se viu foi feio.

De longe, a mais produtiva foi a CPI dos Correios — a primeira a ser instalada, em junho. Em apenas três meses, processou 305 mil dados bancários e analisou 2,8 milhões de registros de ligações telefônicas. A quebra de sigilo de dados telefônicos atingiu 3.181 linhas. Dezenas de pessoas — entre elas, o ex-ministro José Dirceu — tiveram suas vidas investigadas. Marcos Valério e suas empresas foram virados do avesso.

Enquanto os heróis de ontem viravam vilões, o contrário também acontecia. Sem assento na CPI, mas com forte presença em momentos-chave da comissão, o senador Antonio Carlos Magalhães (PFL) aproveitou a ocasião para polir seu desgastado currículo. Aos 78 anos de idade e 51 de vida pública, período em que construiu uma das grandes fortunas da Bahia, *Toninho Malvadeza* carregava em sua biografia pelo menos uma dezena de escândalos dos grossos. Muitos deles envolvendo denúncias de corrupção. Antes da crise, ACM bem que tentara apoiar o governo Lula — depois de ter apoiado o golpe militar de 1964 e os governos militares, apoiado o governo Sarney (durante o qual, como ministro das Comunicações, distribuiu concessões de rádio e TV para garantir o mandato de cinco anos do presidente), apoiado o governo Collor e apoiado o governo Fernando Henrique. Com o PT, porém, as negociações políticas emperraram, e então ACM virou oposição.

Os últimos quatro anos não haviam sido fáceis para ele. Em 2001, Antonio Carlos renunciara ao mandato de senador a fim de evitar ser cassado sob a acusação de ter violado o painel eletrônico de votações da Casa. Dois anos depois, novo revés. Em fevereiro de 2003, o premiado jornalista Luiz Cláudio Cunha, da revista *IstoÉ*, revelou que ACM lhe confidenciara ser o responsável por um megaesquema de escutas telefônicas ilegais na Bahia.

O OPERADOR

Em baixa no mercado da política, Antonio Carlos renasceu (mais uma vez) com a onda de investigações suscitada pelas CPIs. Especialista no trato com jornalistas e informações, ACM virou fonte obrigatória para aqueles que cobriam a crise. Começou então a aparecer na mídia num inédito papel de mocinho. Na revista *Época*, posou para fotografia segurando o queixo e deu declarações indignadas. Nelas, acusou parte do ministério de ser desonesta e sugeriu que o presidente era conivente com a corrupção. "A culpa que ele [Lula] tem é ter escolhido e loteado o Brasil com pessoas incompetentes e algumas corruptas", disse.

A crise foi tão generosa com ACM que permitiu que ele reencarnasse em vida. Aos 26 anos de idade, no seu primeiro mandato como deputado federal, ACM Neto (PFL-BA) brilhou como integrante da CPI dos Correios. Magrinho, pequenino, cabelos negros cuidadosamente partidos, o moço se mostrou um leão, tal qual o avô. Bom articulador, bom negociador, respeitado pelos seus pares, inclusive na base aliada, *Grampinho* — apelidado herdado por causa do avô, o *Rei do Grampo* — foi um dos destaques da CPI. Era um dos primeiros a chegar, pouco depois das 7:00 da manhã, e um dos últimos a sair. Inquiridor implacável, desses que apontam o dedo indicador e gritam com a testemunha, era cortês e atencioso com os jornalistas e estava sempre disponível para uma entrevista. Foi ele quem revelou, numa sessão da comissão transmitida ao vivo pelas TVs, que Sílvio Pereira havia ganhado um Land Rover de presente de um fornecedor da Petrobras, um dos momentos altos da cobertura *on-line* da crise. ACM Neto não foi a única estrela política a nascer com a CPI. Dividiu o palco com nomes como Onyx Lorenzoni (PFL-RS), Eduardo Paes (PSDB-RJ), José Eduardo Cardozo (PT-SP) e Rodrigo Maia (PFL-RJ), praticamente desconhecidos até então fora de suas bases eleitorais.

CPI É SHOW

Focada no universo do PT e de seus aliados, as CPIs deixaram de investigar conexões importantes de Marcos Valério, que poderiam esclarecer como (e a mando de quem) o empresário tinha movimentado tanto dinheiro. Passaram batidos, por exemplo, Daniel Dantas e o Opportunity, maior fonte privada de recursos das empresas de Valério. Contando com zelosos e incansáveis protetores no Congresso, sobretudo no PFL, Dantas não foi sequer arranhado pelas CPIs. As comissões simplesmente ignoraram uma série de dúvidas que pairavam na relação Dantas-Valério. Como, por exemplo, por que Daniel Dantas escolhera Marcos Valério para ser "publicitário" de suas empresas e, ao mesmo tempo, lobista de seus interesses no governo do PT? E por que Valério se movimentara tanto nas articulações para a venda da Telemig Celular, do Opportunity, chegando a ir a Portugal duas vezes com essa finalidade?

Apesar de ter criado o *valerioduto* e de ter se servido dele de 1998 a 2004, o PSDB também foi poupado. O senador tucano Eduardo Azeredo, primeiro beneficiário dos serviços de caixa dois de Marcos Valério, quase não foi incomodado. Num dia de pouco movimento na CPI dos Correios, ele se apresentou espontaneamente à comissão, leu um discurso em que dizia ignorar o esquema de "empréstimos" e pagamentos administrado por Valério na sua campanha de 1998 e ficou por isso mesmo. Nunca mais foi chamado ou questionado. Enquanto o ex-ministro José Dirceu ardeu no fogo dos infernos sem que houvesse provas concretas de que tivesse praticado algum crime, Azeredo não precisou explicar os 9 milhões de reais que Marcos Valério administrara para o PSDB mineiro. Também nunca foi oficialmente inquirido sobre a fortuna que o governo de Minas, sob a sua gestão, despejara na SMP&B. Nem sobre a longa e estreita relação que tivera com Valério.

O governador de Minas, o tucano Aécio Neves, foi outro que conseguiu passar ao largo da crise. Mesmo tendo um punhado de coisas a explicar, posou de vestal. Além de ter entregado à SMP&B as principais contas publicitárias de seu governo, Aécio tinha sete colaboradores na lista dos beneficiários do *valerioduto* de 1998: o secretário estadual de Ciência e Tecnologia, Olavo Bilac Pinto, a secretária extraordinária para o Desenvolvimento dos Vales do Jequitinhonha e Mucuri, Elbe Brandão, o subsecretário de Direitos Humanos, João Batista de Oliveira, o presidente da Fundação João Pinheiro, Amílcar Martins, o presidente da Epamig (estatal de pesquisa agropecuária), Baldonedo Napoleão, o diretor-geral do Instituto Estadual de Florestas (IEF), Humberto Cavalcanti, e a funcionária do Departamento de Obras Públicas Silvana Vieira Felipe. Somando outros dois *aecistas* que tinham avalizado os estranhos "empréstimos" de Marcos Valério — o secretário de Estado de Governo de Minas, Danilo de Castro, e o presidente da Assembléia Legislativa, o tucano Mauri Torres —, a lista crescia para nove. E por fim chegava a dez com a inclusão do vice-governador Clésio Andrade, o homem que comprara a SMP&B em parceria com Marcos Valério.

Apesar de haver uma dezena de motivos para perguntar a Aécio Neves por que o governo mineiro e seus integrantes tinham tantos laços financeiros com Marcos Valério, a CPI nunca o fez. Tampouco a imprensa. E muito menos o PT. Este foi, na verdade, o mais importante dos muitos acordos subterrâneos selados na CPI dos Correios entre governo e oposição: a comissão deixou de investigar a conexão mineiro-tucana do *valerioduto* e, como contrapartida, não levou adiante as apurações sobre os esquemas de caixa dois do PT operados por Marcos Valério em dezenas de estados e municípios.

O caráter seletivo da CPI dos Correios ficou evidente no relatório parcial divulgado no dia 21 de dezembro. Apresentadas com bonitos e movimentados efeitos visuais, obtidos com ajuda de programa de computador, as 74 páginas do documento quase nada diziam de novo. No material requentado, foram excluídos o PMDB e (mais uma vez) o PSDB. Nem uma palavra sobre os 2,1 milhões de reais do *valerioduto* que irrigaram parte da bancada peemedebista nem sobre as conexões de Marcos Valério com os tucanos. De concreto, o relatório só serviu para provar que a CPI trabalhara às vésperas do Natal. Ou seja, uma espécie de álibi para integrantes da comissão, que logo em seguida, em plena convocação extraordinária do Congresso, se autoconcederam férias duplamente remuneradas.

A CPI dos Correios foi pródiga em produzir peças de ficção. Uma delas foi o relatório sobre a suposta relação entre o *valerioduto* e os fundos de pensão de empresas públicas. Depois de contratar a consultoria Ernest & Young para auxiliá-la na missão, ao preço de 3,4 milhões de reais, a CPI não conseguiu uma mísera prova de que os fundos de pensão tivessem alimentado o esquema de propinas e de caixa dois do PT. Restou então ao sub-relator do tema, o deputado ACM Neto, divulgar um dado mágico: 14 fundos de pensão teriam perdido 779 milhões de reais em maus negócios realizados entre 2000 e 2005 no mercado financeiro. O deputado não soube explicar se o suposto prejuízo (negado pelos fundos de pensão) teria sido fruto de má-fé ou desvios. Tampouco indicou responsáveis. Apesar de frágil, o número acabou sendo reproduzido por boa parte da imprensa com tintas de escândalo.

Por mais que produzisse boas manchetes de jornal e chamadas nos telejornais, a CPI dos Correios não conseguiu responder à pergunta-chave da crise política que assolava o país: de onde vieram os 55 milhões de reais movimentados pelo PT no *valerioduto* e quem foi beneficiado com o dinheiro? O nó górdio, se desatado, revelaria uma lista de corruptos e corruptores que poderia chegar à casa da centena. Em vez disso, a CPI se limitou a apresentar pouco mais de três dezenas de bois de piranha, alguns bem magros por sinal, mas mostrados à mídia como se fossem uma boiada inteira.

Com relação à origem do dinheiro, a única vitória da comissão foi descortinar uma estranha operação entre o Banco do Brasil e a DNA. Em março de 2004, a Visanet (administradora dos cartões de crédito Visa, que tem o BB como um dos principais sócios) entregou 35 milhões de reais à DNA a título de verba publicitária. A empresa de Valério fora escolhida pelo Banco do Brasil entre as três agências que atendiam a conta publicitária do banco, sem que houvesse um processo formal de licitação. O dinheiro foi repassado de forma antecipada, ou seja, sem que as campanhas de propaganda dos cartões BB/Visa tivessem sido aprovadas. Dos 35 milhões de reais recebidos da Visanet, a DNA aplicou 10 milhões de reais em Certificados de Depósitos Bancários do BMG, numa operação efetivada no dia 22 de abril. Daí em diante, o caso esbarra numa coincidência que suscita suspeitas. Dois dias depois de receber os 10 milhões de reais da aplicação da DNA, o BMG emprestou 10 milhões de reais para a Tolentino & Associados. A garantia do "empréstimo" — que se destinava ao PT — era justamente a aplicação da DNA feita na antevéspera.

Caso se confirme que o "empréstimo" de 10 milhões de reais do BMG era uma farsa e que o dinheiro fora desviado da Visanet, o que é negado por todos os envolvidos, quem estará encrencado é o petista Henrique Pizzolato, ex-diretor de Marketing do Banco do Brasil. Foi na sua gestão que o banco mudou as regras que permitiram que a DNA fosse agraciada com as verbas de publicidade do BB/Visa sem passar por uma licitação e ainda por cima com dinheiro adiantado. Também pesa contra Pizzolato o fato de ele ter recebido os 326 mil reais do *valerioduto*.

Se o desvio for realmente provado, pior que Pizzolato só ficarão mesmo o PT e o presidente Lula. Além de a frágil versão dos "empréstimos" cair de vez por terra, ficará comprovado que a cúpula do partido roubou dinheiro público para gastar em campanhas e corromper aliados — um crime que manchará para todo o sempre a biografia petista.

Mesmo se for identificada a origem desses 10 milhões de reais do caixa dois do PT, restariam ainda outros 45 milhões de reais sem explicação. De onde veio todo esse dinheiro? De empresas privadas, interessadas em comprar favores do governo, ou de verbas públicas, saqueadas pelas autoridades que deveriam guardá-las? Isso a CPI não respondeu. Por temor de esbarrar em esquemas intocáveis ou por pura incompetência. Ou as duas coisas juntas.

A comissão também não conseguiu avançar na outra ponta do novelo — ou seja, os beneficiários do dinheiro. Não fosse Marcos Valério entregar uma lista com os nomes dos 31 (e somente 31) supostos agraciados com as verbas do *valerioduto* e a Polícia Federal ter cedido documentos apreendidos no arquivo morto do Banco Rural, a CPI estaria até hoje no escuro. A comissão recebeu, de bandeja, material para levantar suspeitas sobre 18 parlamentares, e depois parou por aí. Com quem Valdemar Costa Neto dividira os 10,8 milhões de reais que teria recebido do PT? E Roberto Jefferson fizera o quê com os 4 milhões de reais pagos por intermédio de Marcos Valério? Quantas candidaturas foram alimentadas com os 920 mil reais administrados pelo líder do PT na Câmara, Paulo Rocha? Quantos deputados do PP teriam vendido seus votos em troca de um naco dos

4,1 milhões de reais levantados pelo líder do partido, José Janene? São perguntas que a CPI dos Correios deixou sem resposta.

A falta de esclarecimento em relação aos caminhos percorridos pelo dinheiro sujo do PT fez com que a principal acusação de Roberto Jefferson não fosse aprofundada. A existência do "mensalão" era tida como certa, mas a rigor não foi provada. Ficou demonstrado que parlamentares do PT, PL, PP, PTB e PMDB que comandavam bancadas no Congresso receberam cerca de 27 milhões de reais por intermédio de Marcos Valério. Mas, na maior parte dos casos, o destino final da fortuna permanecia no rol de mistérios da política.

Uma conjectura: se os 27 milhões de reais do *valerioduto* que circularam pelo Congresso tiverem sido repartidos em lotes de 300 mil reais (dez vezes mais o valor do "mensalão" descrito por Jefferson), o número de parlamentares envolvidos no escândalo seria noventa e não 18. A conta faz sentido. No início da crise, quando não se sabia ainda o tamanho o buraco, especulava-se que o número de agraciados com o "mensalão" poderia beirar a casa da centena, ou seja, quase um quinto da Câmara. Depois, com o avanço das investigações, a CPI concentrou suas suspeitas em apenas 18 nomes. Assim, evitou-se que a crise ganhasse dimensões gigantescas e abalasse, em vez de parlamentares e partidos, a própria instituição da representação política. A República estava podre, mas combinou-se que não era conveniente expor o cadáver ao público, mesmo que o mau cheiro continuasse tomando conta do salão.

Com o julgamento dos 18 acusados de receber dinheiro do *valerioduto* mais o de José Dirceu — considerado um dos articuladores do "mensalão"—, veio a confirmação de que a sanha moralizadora do Congresso era só jogo de cena. Até a conclusão deste livro, em agosto de 2006, dos 19 acusados só três haviam sido condenados à perda dos mandatos (Roberto Jefferson, José Dirceu e Pedro Corrêa). Outros quatro renunciaram a fim de não perderem os direitos políticos (Valdemar Costa Neto, Carlos Rodrigues, Paulo Rocha e José Borba). E onze haviam sido absolvidos (Professor Luizinho, Roberto Brant, Romeu Queiroz, Sandro Mabel, Pedro Henry, Wanderval Santos, João Magno, Josias Gomes, João Paulo, José Mentor e Vadão Gomes).

Entre os absolvidos, as acusações variavam do quase nada ao tudo absoluto. Contra Sandro Mabel e Pedro Henry, por exemplo, não havia nenhuma prova de que tivessem recebido dinheiro de Marcos Valério. Era a acusação de Roberto Jefferson *versus* nada. Já nos casos de Romeu Queiroz, Luizinho e Brant, havia provas de que tinham recebido, respectivamente, 350 mil reais, 20 mil reais e 102 mil reais do caixa dois administrado por Marcos Valério. Mesmo assim, seus colegas não viram motivos para cassar-lhes os mandatos.

Realizados no mesmo dia, com diferença de poucas horas, os julgamentos de Luizinho e Brant pelo plenário da Câmara demonstraram a leniência da Casa com os desvios de conduta de seus integrantes. Ambos foram inocentados depois que partidos da base e da oposição selaram um acordo secreto para livrar os dois deputados da guilhotina. Ex-ministro da Previdência do governo FHC, Brant — que reconheceu ter recebido uma doação ilegal da Usiminas por intermédio de Valério — subiu à tribuna e, invertendo os papéis, posou de vítima. "Não se pode confundir decoro parlamentar com infração eleitoral. Não podemos ter o Congresso ameaçado a todo momento", disse ele. Aplaudido de pé, inclusive pelo moralizador ACM, Brant foi abraçado por cerca de trinta parlamentares de vários partidos. Em seguida, deputados da oposição e do governo iniciaram uma constrangedora defesa do pefelista. "Caixa dois é crime eleitoral, punível com multa pela Justiça, não com perda de mandato", afirmou o líder do PSDB na

Câmara, Jutahy Júnior (BA). "Nunca escondi minhas diferenças com o PFL, mas, pelo que conheço da história de Roberto Brant, é injusto liquidá-lo", devolveu o petista Fernando Ferro (PE). Com exceção dos deputados do radical PSOL, nenhum parlamentar discursou em favor da cassação de Brant.

Na hora da votação, Roberto Brant foi absolvido por 62% de seus colegas presentes (283 votos a favor do pefelista, 156 contra, um voto em branco e 18 abstenções). Assim, consumou-se na Câmara a legalização do caixa dois. Logo em seguida, foi a vez de a oposição retribuir a cortesia. Na votação do processo de cassação do Professor Luizinho, coube ao pefelista Mussa Demes (PI) defender o adversário político. "O Luizinho é totalmente inocente. Nunca votei no PT, mas faço isso por dever de consciência", afirmou. Luizinho também fez sua parte. Depois de elogiar o colega Brant, afirmou que não se beneficiara dos 20 mil reais sacados no Rural, que seriam referentes a um acerto político de um assessor seu com Delúbio Soares para quitar dívidas de campanha de alguns petistas.

A Câmara foi condescendente com o deputado e quase repetiu a votação de Brant. Professor Luizinho foi absolvido por 56% dos parlamentes presentes em plenário (253 votos a favor, 183 contra, três votos em branco e dez abstenções).

Na mesma noite, Roberto Brant comemorou sua absolvição num jantar com amigos e familiares, regado a champanhe, num restaurante à beira do lago Paranoá, em Brasília. Mais prudente, Professor Luizinho deu uma festa em sua residência, mas mandou avisar à imprensa que só havia servido água e refrigerantes.

* * *

CPI É SHOW

Negada sua condição de fórum para o estabelecimento de novos padrões éticos na política, restou ao Congresso, por intermédio de suas três CPIs, transformar-se em palco de espetáculos de entretenimento. Desde o início, as CPIs tiveram um quê de show, com os integrantes das comissões atentos ao gosto do público. Era a primeira vez na história do país que o Congresso fazia uma investigação ao vivo, com sessões de até 12 horas de duração transmitidas em tempo real por TVs, rádios e internet.

Era realmente sensacional o cardápio oferecido diariamente pelas comissões, a partir das 10:00 da manhã: testemunhos bombásticos, depoentes chorando na frente de seus inquisidores, revelações acachapantes, parlamentares aos berros, um arranca-rabo de vez em quando e, durante toda a transmissão, perguntas desconcertantes, como a que o senador Demóstenes Torres (PFL-GO) fez à diretora da SMP&B Simone Vasconcelos: "A senhora conhece uma cafetina aqui em Brasília que se chama Jeany?"

O país parou para ver as vísceras do poder serem expostas em cadeia nacional. Donas-de-casa que nunca tinham demonstrado interesse por política grudaram no sofá até altas horas da madrugada diante da televisão. Estudantes assistiam atentos às sessões da CPI e, no dia seguinte, promoviam discussões acaloradas em sala de aula. Os índices das Bolsas de Valores subiam e desciam de acordo com o tom dos depoimentos. Repartições públicas e escritórios ficavam com as TVs ligadas o dia inteiro. Vários depoimentos transmitidos ao vivo atingiram públicos grandiosos. Até a antes pouco assistida TV Senado, que transmitia ao vivo quase todas sessões da CPI dos Correios, registrou audiências recordes. Em alguns dias de julho, 16% dos televisores do país ficaram sintonizados na emissora. A Globo News, outra TV por assinatura, teve 1 milhão de espectadores no dia em que transmitiu ao vivo o depoimento de Roberto Jefferson.

Com tamanha audiência, não demorou a se formar a chamada "bancada do flash", grupo de parlamentares — como ACM Neto, Eduardo Paes, Onyx Lorenzoni e Heloísa Helena — que aproveitava as transmissões ao vivo para fazer seu show particular. Afinal, o telespectador antes de tudo era também um eleitor. Não raro acontecia de um deputado ou senador dirigir-se às câmeras com frases do tipo "você que está assistindo a CPI em casa neste momento..." ou ainda "você telespectador da TV Senado...". Na disputa pela audiências, as três CPIs chegaram a ter, por várias vezes, a mesma agenda e os mesmos depoimentos.

A imprensa também se entregou, com satisfação, ao espetáculo da democracia *on-line*. Na pequenina área restrita aos jornalistas, de quatro metros por 18, apelidada de *chiqueirinho da imprensa*, mais de duzentos repórteres, fotógrafos, *cameramen*, técnicos e iluminadores desafiavam a lei da física que diz que dois corpos não ocupam o mesmo espaço. Cada movimento dos depoentes era acompanhado por poderosas e imensas câmeras de TV Sony D35, compradas por 60 mil dólares. Fora as dezenas de máquinas fotográficas digitais de última geração, como a Cannon EOS, que captavam cerca de 30 mil imagens por dia cada uma. Os fotógrafos trabalhavam em condições subumanas. Até 12 horas em cima de miniescadas, equilibrando tripés com lentes enormes, de seiscentos milímetros, e, no ombro, bolsas com 12 quilos de equipamento. Delúbio sorriu? Sílvio Pereira coçou o nariz? Flashes, muitos flashes e a foto da primeira página do jornal está garantida. Com mais de 40 anos de profissão, tendo registrado os bastidores do Congresso e o cotidiano do Palácio do Planalto em 11 governos diferentes, o repórter fotográfico Orlando Brito, considerado

CPI É SHOW

um dos mais brilhantes do país, filosofava enquanto seus concorrentes mais novos não desgrudavam os olhos dos visores das câmeras:

> O cenário é perfeito, bonito, e os fotógrafos e os *cameramen* estão todos a postos. Repare como os integrantes da CPI falam para seus eleitores, em falas medidas, calculadas, ensaiadas, que futuramente serão editadas para rechear programas eleitorais de TV. Acabou a era dos superprogramas de marketing. O marketing agora é a CPI.

A CPI dos Correios, a mais badalada, pode não ter passado a limpo os males do caixa dois e da compra de votos, mas produziu celebridades. O site Mix Brasil, voltado para o público gay, promoveu uma eleição para escolher o mais bonito integrante da CPI. Em primeiro lugar, deu ACM Neto, com 37,4% dos votos, seguido pelo presidente da comissão, senador Delcídio Amaral (18,2% dos votos) e Eduardo Paes (16,7%).

A CPI também revelou talentos fora de seus quadros. Alguns pelo conteúdo, outros pela forma. Nesse último grupo, destacou-se Camila Amaral, a bela e loura assessora de imprensa da senadora Ideli Salvatti (PT-SC), que, do esplendor dos seus 25 anos de idade, arrancava suspiros do público masculino a cada entrada na comissão. Não deu outra: foi parar na capa da revista *Playboy*. No ensaio, Camila aparece nua em frente ao Congresso e ao Palácio do Planalto. Várias fotos mostram a assessora num cenário montado para parecer um gabinete parlamentar. A capa não era menos ousada: só de calcinha, sapatos de salto alto e suspensórios, Camila faz sinal de silêncio com o dedo indicador enquanto, com a outra mão, aponta um homem de terno que parece sair da página da revista com uma maleta recheada de dólares. Revolta? Indignação? Que nada! A reação do Congresso foi de puro deleite. Alguns integrantes da CPI chegaram a dar seus depoimentos à revista. Onyx Lorenzoni derramou-se em elogios. "Quando a Camila entra na CPI, ela ilumina o ambiente, seja de manhã, de tarde ou de noite", disse o deputado. Já o petista Maurício Rands (PE) preferiu fazer um trocadilho com o nome da senadora que empregava Camila. "Ideliciosa!", exclamou à *Playboy* sem pudor.

Fernanda Karina, a ex-secretária de Marcos Valério, também teve seus 15 minutos de fama. Divulgou que, por uma boa causa, posaria nua para a *Playboy* por um cachê de 2 milhões de reais. O dinheiro serviria para formar uma caixinha para sua primeira campanha eleitoral, em que concorreria a uma vaga na Câmara dos Deputados. O advogado de Fernanda, Rui Caldas Pimenta, chegou a lançar um bordão para a futura candidata: "Antes nua que corrupta." A *Playboy* acabou desistindo do ensaio, mas ainda assim a secretária manteve de pé suas pretensões eleitorais, filiando-se ao PMDB para concorrer na eleição de 2006.

Até Jeany Mary Corner teve seus dias de glória. Foi capa de revistas de fofoca e deu incontáveis entrevistas falando de sua agenda de telefones, em que registrava números de clientes, o que foi interpretado por alguns como sinal de achaque.

Quem não se divertiu foi Marcos Valério. Convocado a depor três vezes nas CPIs, o empresário virou o saco de pancadas predileto de alguns parlamentares da oposição. Resignado com sua condição de escada para a fama alheia, chegou a ficar à vontade durante os depoimentos, às vezes até demais. No seu terceiro testemunho transmitido ao vivo, ao ser elogiado por Arnaldo Faria de Sá (PTB-SP) pelo seu "desprendimento" — Valério acabara de entregar uma lista com nomes de 75 pessoas ligadas ao PSDB beneficiadas com o caixa dois de

1998 —, o empresário perdeu a timidez e a compostura: "Também, depois dessa cagada toda..."

Claro, com tanta folia a CPI terminou virando tema de escola de samba no carnaval de 2006. Podem-se dizer muitas coisas sobre os brasileiros, menos que sejam mal-humorados.

EPÍLOGO

Mais uma vez, os grãos

As três Comissões Parlamentares de Inquérito tiveram finais diversos, mas igualmente decepcionantes. Após quatro meses de trabalho, a CPI do Mensalão terminou de forma constrangedora, sem ao menos aprovar um relatório final — em boa medida, graças ao relator da comissão, deputado Ibrahim Abi-Ackel (PP-MG), ele próprio um dos agraciados pelo caixa dois do PSDB operado por Marcos Valério em 1998. Na época, Abi-Ackel recebeu 100 mil do *valerioduto* tucano.

Dominada pela oposição, a CPI dos Bingos se arrastou por quase um ano. De questões relacionadas a bingos, quase nada foi apurado. Nem era esse o objetivo.

E a CPI dos Correios abriu tanto o leque que terminou por deixar pela metade a maioria das frentes de investigação em que se meteu. De concreto, pouco avançou em relação ao que fora admitido à Polícia Federal pelo próprio Marcos Valério e por outros envolvidos nos escândalos. Ao final de seus trabalhos, a CPI distribuiu acusações a torto e principalmente à esquerda, mas não conseguiu identificar a fonte de 80% dos recursos do *valerioduto*. Como forma de mascarar suas falhas, optou pelo caminho fácil: sugeriu ao Ministério Público que indiciasse mais de 130 pessoas, o que objetivamente representava muito pouco além do espetáculo. Ao jogar a batata quente para o Ministério Público, que não teria condições nem motivos para investigar todas essas pessoas, a CPI garantiu visibilidade nos meios de comunicação. Era certo, porém, que, entre os indiciados, muito poucos seriam condenados na Justiça. Por uma questão simples: a CPI produziu poucas provas com valor judicial.

Quase nada também foi o resultado das investigações da CPI em relação aos esquemas de corrupção nos Correios, motivo original da criação da comissão. Ao enveredar pelo caminho da disputa política entre governo e oposição, a CPI desprezou elementos importantes em seu poder, que poderiam revelar tentáculos desconhecidos de Marcos Valério no Executivo. Uma das pistas ignoradas pela comissão foi em relação à empresa Múltipla Prestação de Serviços e Higienização.

Fornecedora de mão-de-obra para limpeza, a Múltipla tinha uma trajetória impressionante. Em 2002, último ano da gestão FHC, a empresa faturara 1 milhão de reais com contratos em órgãos da esfera federal. Já no governo Lula, a performance da Múltipla teve uma melhora considerável. Em 2003, a empresa recebeu 7,9 milhões de reais do Orçamento da União. No ano seguinte, novo salto: faturou 13 milhões de reais, valor 1.200% maior que o contratado no governo tucano.

Entre os 73 clientes da Múltipla, estavam os ministérios da Defesa, do Meio Ambiente, do Planejamento, da Integração Nacional, Receita Federal, Banco do Brasil, Advocacia Geral da União, Anvisa e Infraero. A empresa também era responsável pela limpeza da Câmara dos Deputados. Chegou a atender inclusive a residência oficial do presidente da Câmara, João Paulo Cunha. Uma das arrumadeiras da mansão, Lívia Santana da Luz, era funcionária da Múltipla.

Duas informações preciosas sobre a Múltipla chegaram à CPI dos Correios. Contudo, foram olimpicamente ignoradas. A primeira delas foi o tombo da empresa após a eclosão do escândalo do *valerioduto*.

MAIS UMA VEZ, OS GRÃOS

O faturamento de 13 milhões de reais com contratos no Executivo, Legislativo e Judiciário em 2004 foi reduzido a 812 mil reais em 2005, uma queda de 94%. Poderia ter sido somente uma coincidência, mas não seria a única. Em 2004, uma das sócias da Múltipla era a publicitária Daniela Fraga Fonseca, que trabalhou na SMP&B por seis anos. Uma pergunta era inevitável: como uma pessoa que trabalhava em Minas como publicitária conseguiu a proeza de vencer tantas licitações para fornecer mão-de-obra para órgãos federais em Brasília? Infelizmente, Daniela não saberia responder. A Múltipla, na verdade, não lhe pertencia. Em depoimento à Polícia Civil de Minas Gerais, em outubro de 2005, a publicitária admitiu que era somente uma "laranja" no negócio. Negou, porém, que a Múltipla fosse de Marcos Valério.

Não era o que pensava a Polícia Civil de Minas. Encarregado de fazer uma investigação preliminar sobre o caso, o delegado Denílson dos Reis Gomes produziu um relatório em que dizia que havia fortes indícios de que a Múltipla tivesse algum vínculo com Marcos Valério. "Entendemos que tais fatos merecem ser investigados com profundidade, pois Marcos Valério pode ter-se utilizado de 'laranjas' para beneficiar-se em processos licitatórios", afirmava o delegado.

A estranha história da Múltipla foi "pescada" pelo deputado Pompeo de Mattos (PDT-RS). Ele chegou a fazer um requerimento à CPI dos Correios pedindo que o caso fosse levado à Polícia Federal para a abertura de inquérito. Entretanto, mais preocupada em travar a batalha política, a comissão deixou escapar a oportunidade.

* * *

Menos barulhentas e mais produtivas que as CPIs eram as investigações da Polícia Federal, a cargo do delegado Luiz Flávio Zampronha.

O OPERADOR

Com pouco mais de 30 anos de idade, bonitão, mais de 1,80 metro de altura, Zampronha tinha uma pedreira pela frente. Entre as dificuldades que enfrentava, uma se encontrava dentro da própria Polícia Federal. No início de seus trabalhos, Zampronha descobriu que era alvo de traição dentro de sua própria corporação. Um ex-agente da PF que deixara a instituição após ser punido por desvios éticos andava pelos corredores do *Máscara Negra* (como é chamada a sede da instituição em Brasília) tentando cooptar alguns antigos colegas. De forma velada, o agente renegado oferecia dinheiro a quem conseguisse fazer com que Zampronha aliviasse a barra de um de seus clientes — justamente um dos suspeitos da lista do delegado.

Essa era uma das cascas de banana deixadas no caminho de Zampronha. Havia outras. Ciente das armadilhas, o diretor-geral da Polícia Federal, delegado Paulo Lacerda, protegia seu pupilo, aconselhando-o a trabalhar de forma discreta. Com o tempo, ensinava Lacerda, os holofotes se apagariam e testemunhas novas e importantes sairiam das sombras para contar o que viram. Até lá, o importante era manter a rota e evitar as ciladas.

Zampronha tinha como principal tarefa identificar a origem dos 55 milhões de reais que tinham alimentado o *valerioduto*. Aficionado em teorias conspiratórias, ele gastava dias e noites tentando descobrir o culpado. O caso que apurava, no entanto, estava menos para teoria conspiratória e mais para as estórias policiais de Agatha Christie. Uma boa referência era *Assassinato no Expresso do Oriente*, um dos livros mais famosos da escritora inglesa. Na obra, Agatha Christie narra como o detetive Hercule Poirot investiga 12 pessoas suspeitas de matar o passageiro de um trem durante a viagem de Istambul a Londres. Todos os suspeitos tinham fortes motivos para matar a vítima, o que torna o trabalho de Poirot mais difícil. No final do livro, o choque: o

MAIS UMA VEZ, OS GRÃOS

assassino não era um, mas sim os 12 suspeitos. Cada um deles havia desferido uma facada na vítima, após entrarem furtivamente no vagão do trem onde ela dormia. O enigma de Zampronha talvez seja resolvido *à la* Agatha Christie. Os criminosos que alimentaram o *valerioduto* certamente eram mais de um, e talvez vários deles estivessem na lista de suspeitos. O delegado já sabia, por exemplo, que perícias realizadas pelo Instituto Nacional de Criminalística indicavam uma forte possibilidade de o caixa dois do PT ter sido abastecido com 10 milhões de reais da Visanet. Faltava, contudo, indicar a origem de pelo menos 45 milhões de reais.

Depois de quase um ano de trabalho, Zampronha avançava de forma lenta, porém promissora, quando foi atropelado pelo Ministério Público Federal. Em abril de 2006, em virtude da eterna e improdutiva disputa entre Ministério Público e Polícia Federal, o delegado viu seu trabalho escorrer pelas mãos. Sem esperar pela conclusão dos trabalhos da PF, o procurador-geral da República, Antônio Fernando de Souza, resolveu concluir a primeira fase dos inquéritos. Pego de surpresa, Zampronha não teve sequer a chance de fazer um relatório sobre o que tinha apurado até então.

Com grande alarde e farta cobertura da imprensa, o procurador-geral ofereceu ao Supremo Tribunal Federal denúncia contra quarenta pessoas supostamente envolvidas no caso. Com 136 páginas, a denúncia apontava a existência de uma "sofisticada organização criminosa". Segundo ele, a "quadrilha" era encabeçada pelo ex-ministro José Dirceu.

Em muitos pontos, a denúncia do Ministério Público se igualava ao relatório final da CPI dos Correios: acusações fartas, provas frágeis e muito pouco em relação à origem do dinheiro do *valerioduto*. Fora os 10 milhões de reais do Visanet, nada de novo foi revelado. Mesmo com um arsenal reduzido, o procurador-geral não economizou nas palavras:

> Os denunciados operacionalizaram desvio de recursos públicos, concessões de benefícios indevidos a particulares em troca de dinheiro e compra de apoio político, condutas que caracterizam os crimes de quadrilha, peculato, lavagem de dinheiro, gestão fraudulenta, corrupção e evasão de divisas.

Era muito provável que todos os crimes listados pelo procurador-geral tivessem sido de fato cometidos. Mas o problema era que, para fins jurídicos, indícios e palavras fortes às vezes não bastam para condenar os acusados. A história recente do Brasil já provara que denúncias frágeis muitas vezes acabam beneficiando os acusados em vez de ajudar a promover a justiça. O caso Collor é o melhor exemplo disso.

Há 14 anos, Collor e seus asseclas também foram revirados pelo avesso por uma CPI do Congresso. Da mesma forma como ocorreu com a CPI dos Correios, a CPI do PC Farias sugeriu o indiciamento de dezenas de pessoas, porém sem apresentar provas técnicas contundentes contra os acusados. As coincidências não param por aí. Os trabalhos da PF ainda não tinham chegado à metade quando a Procuradoria Geral da República resolveu encerrar as investigações referentes a Collor. De forma apressada e pouco substanciosa, o então procurador-geral da República, Aristides Junqueira, acusou Collor, PC e outras tantas pessoas pela prática de uma série de crimes, incluindo formação de quadrilha. O resultado da denúncia, porém, foi pífio. Em 1994, o Supremo Tribunal Federal não só absolveu Collor de todas as acusações como acabou passando um pito no procurador-geral. Um dos ministros do Supremo classificou a denúncia de Aristides Jun-

MAIS UMA VEZ, OS GRÃOS

queira de "difícil compreensão". PC Farias também não se deu muito mal na Justiça. Depois de ter comandado uma organização poderosa, terminou sendo condenado por dois crimes menores (falsidade ideológica e evasão de divisas), o que lhe rendeu apenas dois anos de cadeia. Quanto aos corruptores, estes nunca foram condenados.

No caso do *valerioduto*, com raras exceções, a imprensa recebeu com loas as denúncias do Ministério Público. A ressaca vai demorar, mas certamente virá. Mas, até lá, reinará a falsa sensação de justiça. Desligadas as câmeras de TV, começou a longa e pouco esperançosa trajetória do caso no Supremo. Só o prazo para que os acusados tomem conhecimento das denúncias pode durar dois anos. Depois disso, eles apresentarão defesas prévias. Aí então o relator do caso no STF, ministro Joaquim Barbosa, decidirá se acata as denúncias ou não, dando início aos processos. Numa perspectiva otimista, os julgamentos não acontecerão em menos de oito anos. Uma coisa, entretanto, é previsível: devido à precariedade das provas, a lista de condenados deve ser pequena.

* * *

Mesmo antes da conclusão dos processos na Justiça, já era possível ver um grupo de perdedores. Como de costume, e para confirmar o ditado, a corda arrebentou primeiro na mão dos mais fracos.

Quatro meses após a divulgação do vídeo em que aparece recebendo uma propina de 3 mil reais, Maurício Marinho foi demitido dos Correios. Saiu às vésperas de se aposentar.

Outro que corria sério risco de seguir o mesmo caminho era o policial civil David Rodrigues Alves, que, portando sua arma de trabalho, transportara dinheiro para a SMP&B em Belo Horizonte. De pouco adiantara ele explicar que apenas fazia um bico nas horas de folga. Na leitura fria das regras da Polícia Civil, a tendência era que sua atitude fosse considerada uma transgressão.

No Rural, o estrago também foi grande — para os funcionários, bem entendido. Abalado com o envolvimento de seu nome em mais uma série de denúncias, o banco fechou 93 das 122 agências e abriu um programa de demissão voluntária. A guilhotina alcançou 1.337 dos 2.227 funcionários, o equivalente a 60% do total.

Na SMP&B e na DNA, a tragédia foi semelhante. As agências tinham mais de 20 anos de serviços prestados nos mercados de propaganda mineiro e nacional. Antes de Marcos Valério entrar para as empresas, eles haviam ganhado prêmios e eram reconhecidas pela sua excelência. Desde a eclosão do escândalo, no entanto, ficara claro que os funcionários da SMP&B e da DNA seriam estigmatizados pelas armações de seus patrões. O sinal veio durante as primeiras diligências promovidas pela Polícia Federal nas duas empresas. Como costuma acontecer em casos que envolvem empresas de fachada, os investigadores esperavam encontrar salas vazias. Contudo, delegados e agentes se espantaram ao constatar que as agências eram grandes, empregavam centenas de pessoas e produziam propaganda de verdade.

Poucos meses depois, as duas agências praticamente encerraram suas atividades, jogando na rua cerca de trezentas pessoas, algumas com mais de 15 anos de casa. Muitos não tinham perspectiva de voltar à ativa tão cedo. Num mercado de trabalho inchado e desaquecido, ficaram marcados como funcionários de Marcos Valério. Quando procuravam emprego e diziam que tinham passado pela SMP&B ou pela DNA, a reação de quem os entrevistava variava da ironia ao medo. "Você pagava o mensalão?", muitos tiveram de escutar e, ainda por cima, rir da piada de mau gosto para não perder a chance de conseguir trabalho. Houve casos em que os empregadores simplesmente disseram que não contratariam ninguém da SMP&B ou da DNA para não manchar a imagem de suas empresas. Com exceção de uma minoria que conseguiu recolocar-se no mercado publicitário, dezenas de diretores de arte, designers gráficos e redatores tiveram de mudar de área. Mesmo assim, para a grande maioria, passado mais de um ano do início da crise, restava o desemprego. E, para muitos, também a depressão.

No PT, o proletariado se ferrou. Mesmo tendo se recusado a assumir a dívida referente aos "empréstimos" feitos por Marcos Valério — que, com juros, somavam mais de 110 milhões de reais em meados de 2006 —, o partido ainda devia 52 milhões de reais na praça. O recurso encontrado pela direção foi cortar gastos, sobretudo com a demissão de pessoal. Calculava-se que até 40% dos funcionários do partido poderiam receber o bilhete azul. Em São Paulo e Brasília, isso significaria um corte de 65 dos 162 empregados do PT.

Para boa parte da militância, por sua vez, a herança deixada pela antiga cúpula do partido foi a desilusão. Uma estranha sensação de impotência e um travo na boca com gosto de traição dominaram milhões de petistas que haviam passado anos e, em muitos casos décadas, acreditando que a eleição de Lula significaria a inauguração de uma nova era no Brasil e, por que não, no mundo. No coração de muitos, o que antes era esperança passou a ser encarado como ingenuidade, tolice, engano. Quem perdera a voz tantas vezes cantando "Lula lá", "Sem medo de ser feliz" e "Agora é Lula", quem enxergava na bandeira e na estrela vermelhas o caminho da justiça social, quem nunca imaginou do que eram capazes os dirigentes do partido ao qual haviam dedicado boa parte de suas vidas agora se sentia órfão. Pior:

vendido. Era como se a luta não tivesse sido perdida; ela parecia simplesmente ter sido em vão.

O partido sobreviveu, apesar de todos os prognósticos. Em boa medida, graças ao silêncio de Delúbio Soares, que, como PC Farias, assumiu sozinho todas as culpas. "Tranqüilizem-se os beneficiados pelo meu trabalho, pois seus nomes não brotarão de minha boca, ainda que o meu não saia das deles", escreveu o tesoureiro na sua defesa no processo de expulsão do PT. Delúbio e Sílvio Pereira foram os únicos forçados a deixar o partido. Continuaram, contudo, sendo protegidos de longe pela direção.

Quanto a Lula, este se recuperou de forma milagrosa. Depois de quase beijar a lona, o presidente voltou a cair nas graças da população e disparou nas pesquisas de opinião pública para a eleição de 2006. Um ano após o estouro da crise, o petista aparecia em primeiro lugar na corrida para o Palácio do Planalto, bem à frente do seu principal oponente, o tucano Geraldo Alckmin, ex-governador de São Paulo. Será que Lula ganha no primeiro turno? O tucano Geraldo Alckmin não conseguirá mesmo reagir? Essas eram as principais dúvidas no cenário político. Havia outras. Quem operou os esquemas do PT e do PSDB depois de tantos escândalos?

Ganhando ou perdendo a eleição, Lula terminá seu governo menor do que começou. E seguirá, para sempre, condenado a confirmar o raciocínio que fizera, numa entrevista em Paris, no auge da crise: "A desgraça da mentira é que, ao contar a primeira, você passa a vida inteira contando mentira para justificar a primeira que contou."

* * *

MAIS UMA VEZ, OS GRÃOS

Não se pode dizer que, depois de ter o nome envolvido num escândalo de tal dimensão, alguém tenha saído ganhando. Mas alguns perderam menos que outros.

José Genoino, que presidia o PT, se afastou da direção do partido e recolheu-se em silêncio obsequioso. Não deixou, porém, de buscar seus direitos. Após 20 anos de trabalho como deputado federal, pediu e obteve a aposentadoria, com base nas generosas regras do Instituto de Previdência dos Congressistas. Valor do benefício: 9 mil reais. Em 2006, Genoino voltou a se candidatar a deputado federal.

Roberto Jefferson seguiu em parte o exemplo de Genoino. Mesmo depois de cassado, foi contemplado com uma aposentadoria de 9 mil reais pelos cinco mandatos como deputado federal. De quebra, livrou-se das acusações de envolvimento no esquema de corrupção nos Correios, o estopim de toda essa história. E ainda saiu do episódio como herói macunaímico.

Após renunciar ao mandato, Valdemar Costa Neto também se aposentou. Com menos tempo de Câmara que seus dois colegas, foi para casa com um benefício um pouco menor: 5.500 reais mensais. A lista de jubilados tendia a crescer. José Janene pedia aposentadoria por invalidez, alegando ser cardiopata. Outros só esperavam a poeira do escândalo baixar para também requerer o benefício.

Sorte mesmo tiveram dezenas de parlamentares que receberam dinheiro do caixa dois do PT e cujos nomes não apareceram. Esses ficaram quietinhos.

Depois de levar sua voz e seus interesses ao Congresso por intermédio do PL — segundo partido mais irrigado pelo *valerioduto*, com 12,3 milhões de reais —, a Igreja Universal do Reino de Deus resolveu se descontaminar. Fundou seu próprio partido, o PMR (Partido

Municipalista Renovador), e levou junto o vice-presidente da República, José Alencar.

Impedido de se candidatar até 2016, José Dirceu submergiu. Certamente voltará ao cenário político. E bem antes de 2016.

Duda Mendonça ficou com o nome manchado no mercado de marketing político, mas há quem diga que isso passa com o tempo. Por ter recebido 15,5 milhões de reais do caixa dois do PT, o publicitário precisou pagar 4,3 milhões para regularizar sua situação na Receita Federal. Mas ainda podia se considerar poupado. Enquanto Marcos Valério perdeu todas as contas publicitárias no governo federal, Duda conservou os contratos do Ministério da Saúde e da Petrobras. No fim das contas, ganhou dinheiro. O baiano faturou cerca de 160 milhões de reais com as contas públicas do governo Lula, com um lucro líquido de aproximadamente 6 milhões de reais. Fora os negócios com o PT.

Ainda no campo da propaganda, Cristiano Paz conseguiu se salvar, apesar de a SMP&B ter ido para o buraco. No dia 27 de setembro de 2005, uma terça-feira, a crise político-policial corria solta, mas o ex-sócio de Marcos Valério estava feliz. Juntou alguns amigos e abriu um champanhe para comemorar a abertura de sua nova agência de publicidade, a Filadélfia. Na carteira de parceiros, uma velha conhecida: a Usiminas, acusada de fazer doações de campanha por baixo do pano por intermédio da SMP&B.

Ainda que de forma tímida, a Usiminas sempre negou ter usado os serviços de caixa dois de Marcos Valério. Porém, seu presidente, Rinaldo Campos Soares, preferiu evitar as entrevistas durante um tempo, a fim de não precisar dar explicações sobre o episódio. Abriu uma exceção a uma publicação de um clube de Belo Horizonte, do qual era sócio. Abordado com perguntas amenas, saiu-se com frases do tipo:

MAIS UMA VEZ, OS GRÃOS

"Sempre procuro me pautar pela discrição, pela perseverança e pela paciência" ou ainda "A Usiminas trabalha com a perspectiva de ser uma empresa válida, ou seja, uma empresa capaz de gerar valor não só para seus acionistas, mas capaz também de repartir seus bons resultados com a comunidade".

Cada vez mais rico, Daniel Dantas seguia solto com seus negócios.

Ignorado pelas investigações da CPI, do Ministério Público e da Polícia Federal, Joaquim Roriz terminava, sem grandes sustos, sua quarta gestão à frente do governo do Distrito Federal. E já se preparava para tentar eleger um sucessor.

Entre os criadores do esquema operado por Marcos Valério, as coisas também terminaram de maneira serena. O PSDB mineiro não perdeu a fleuma. Eduardo Azeredo foi obrigado a deixar o cargo de presidente do partido, mas continuou como senador, com mais quatro anos de mandato pela frente. Para a campanha eleitoral de 2006, como forma de se contrapor ao PT, os tucanos afiavam um discurso moralizador.

O vice-governador de Minas, Clésio Andrade (PL), adotou a tática do avestruz. Deu certo. Nunca foi convocado às CPIs para responder a oito perguntas:

1) Por que, em 1996, ele comprara parte da SMP&B — uma agência de publicidade praticamente falida — se sua principal área de atuação era transporte coletivo?

2) Por que dera a Marcos Valério um pedaço da agência e o poder de administrá-la, se ele não tinha investido um único centavo no negócio?

3) Como a SMP&B conseguiu um empréstimo de 1,6 milhão de reais num banco estatal de Minas se não tinha como pagar a dívida?

4) Como conseguiu que o banco aceitasse zerar o débito em troca de uma fazenda que valia no máximo 340 mil reais?
5) Por que em seguida Clésio saiu da sociedade para concorrer ao cargo de vice-governador na chapa de Eduardo Azeredo?
6) Por que sua campanha e de Azeredo usou Marcos Valério como laranja para fechar um "empréstimo" de 9 milhões de reais com o Banco Rural?
7) Por que o "empréstimo" não foi pago?
8) Por que o caixa dois da campanha foi administrado por Marcos Valério, utilizando as contas bancárias da DNA e da SMP&B?

Clésio Andrade não só se livrou das incômodas perguntas como permaneceu no cargo de presidente da Confederação Nacional dos Transportes. E ainda concorria a um prêmio por conta de suas relações com Marcos Valério. Temeroso de que o vice se tornasse um fardo em ano eleitoral de bandeira moralizadora, o governador Aécio Neves — candidato à reeleição — tentava empurrá-lo para o Tribunal de Contas do Estado (dois dos requisitos exigidos para o cargo são "idoneidade moral e reputação ilibada"). Caso a indicação se confirmasse, o prêmio seria duplo para Clésio. Como conselheiro do TCE, ele teria foro privilegiado em ações por crime comum. E ainda viraria um fiscal dos gastos públicos de Minas. Enquanto a decisão sobre a indicação não saía, Clésio arranjou um jeito de figurar como candidato a suplente de senador na chapa que tinha Aécio Neves como candidato à reeleição.

O BMG se manteve no topo do *ranking* dos bancos privados com empréstimos em desconto em folha. A cada balanço, seu lucro crescia em níveis galácticos.

O Banco Rural deu uma balançada. Em 2005, amargou um mega-prejuízo: 322 milhões de reais. Apesar do baque, manteve-se de pé,

MAIS UMA VEZ, OS GRÁOS

conservando um patrimônio líquido respeitável, da ordem de 334 milhões de reais. Trocando em miúdos: os donos do banco continuavam milionários. Para lustrar a imagem do Rural e ajudar a traçar novos rumos para a instituição, foram contratados consultores de primeira linha, entre eles Gustavo Loyola, ex-presidente do Banco Central, e Paolo Zaghen, ex-presidente do Banco do Brasil. A idéia era vender para o público externo que enfim o banco entrara nos eixos. Entre as mudanças em estudo estava a de redefinir o foco do Rural para clientes com receita anual de até 50 milhões de reais. O banco, contudo, prosseguiria fazendo empréstimos para clientes VIPs.

Um dos VIPs do Rural, o ministro do Turismo, Walfrido dos Mares Guia (PTB), foi outro ignorado pelas CPIs. Vice do então governador Eduardo Azeredo e coordenador informal da campanha do tucano à reeleição em 1998, inclusive no quesito finanças, Mares Guia era a pessoa talhada para contar como se dera o nascimento de Marcos Valério no mundo do caixa dois de campanhas eleitorais. Afinal, foi Mares Guia quem negociou, na época, o preço dos serviços de Duda Mendonça na campanha do PSDB — o preço *pro forma*, declarado à Justiça Eleitoral, e o preço real, faturado pelo caixa dois. Mares Guia discutiu e Marcos Valério pagou. O ministro de Lula poderia esclarecer ainda uma operação confusa ocorrida em 2002. Naquele ano, Mares Guia tomou um empréstimo no Rural e transferiu o dinheiro para Marcos Valério. O motivo, segundo consta, era quitar parte de uma antiga dívida de Azeredo, de 700 mil reais, com o tesoureiro da campanha do PSDB em 1998. O que era um negócio de dois acabou virando confusão de quatro, mas as CPIs não quiseram saber por quê.

Mares Guia, Cristiano, Duda, Roriz, Clésio, Dantas, Usiminas, Rural, BMG, PSDB... Nada se compara, porém, ao que aconteceu com o mineiro João Heraldo Lima. Personagem invisível dessa história —

O OPERADOR

e ao mesmo tempo central —, ele é o único entre centenas de atores que se conecta às quatro instituições responsáveis pela criação do *valerioduto*: PSDB, SMP&B, BMG e Rural. Explicar a origem e a evolução do esquema de Marcos Valério sem falar de João Heraldo é impossível. Pois foi justamente isso o que fizeram as CPIs.

João Heraldo é pessoa rara. Sempre foi. Barba espessa, óculos fundo de garrafa, leitor voraz, ele parecia gênio — e era (e sabia disso). Integrante da elite culta e endinheirada de Minas, aos 22 anos de idade formou-se em economia pela Universidade Federal de Minas Gerais. Aos 27, já era mestre pela Unicamp e aos 29, PHD pela New School for Social Research, de Nova York. Dois estudos econômicos produzidos por João Heraldo — um na área da historiografia e outro na da teoria — chamaram a atenção de acadêmicos dentro e fora do Brasil. O primeiro recebeu rasgados elogios do historiador Francisco Iglésias no início dos anos 1980. Era a tese "Café e indústria em Minas Gerais — 1870-1920", em que João Heraldo faz uma comparação inédita entre as distintas evoluções das culturas cafeeiras de Minas e São Paulo. No segundo trabalho — "Demanda efetiva de Marx, Keynes e Kalecki" —, João Heraldo deixou a academia nova-iorquina impressionada ao explicar por que, em determinadas circunstâncias socioeconômicas, enormes contingentes de trabalhadores permanecem desempregados ou incapazes de serem absorvidos de forma eficiente. Ao voltar ao Brasil, em meados da década de 1980, João Heraldo se tornou um prestigiado professor de economia da UFMG.

Em 1986, sua vida começou a tomar um rumo diferente. Aos 35 anos de idade, largou a academia e abraçou a banca, tornando-se diretor de Planejamento do BMG.

(Nessa época, Marcos Valério era um desconhecido e desimportante funcionário do Bemge, banco estatal de Minas.)

MAIS UMA VEZ, OS GRÃOS

João Heraldo sempre foi próximo dos tucanos mineiros. Por diversos motivos: identidade ideológica, congruência de projetos políticos e, sobretudo, antigos laços de amizade e de classe social. Consolidou-se como uma das principais referências econômicas do PSDB mineiro em 1989, quando Pimenta da Veiga se tornou o primeiro tucano a administrar uma capital, Belo Horizonte. A convite de Pimenta da Veiga, João Heraldo assumiu a Secretaria Municipal da Fazenda.

(Marcos Valério labutava no Bemge.)

Em abril de 1990, Pimenta deixou a Prefeitura para concorrer ao governo de Minas. Assumiu o vice, Eduardo Azeredo. João Heraldo, contudo, continuou à frente da Secretaria da Fazenda.

Terminado o mandato de Azeredo, em 1992, João Heraldo foi cuidar da vida. Como resultado de seu trabalho na prefeitura de BH e por influência dos tucanos mineiros, foi levado para o centro do poder. Entre 1992 e 1993, chefiou a Diretoria de Políticas Monetárias do Banco Central, em Brasília.

(E Marcos Valério ainda no Bemge.)

Em 1993, João Heraldo foi chamado de volta a Belo Horizonte para presidir o banco Credireal. Nos dois anos em que esteve à frente da instituição, o economista comandou uma equipe de servidores que havia feito carreira em bancos estatais de Minas, como o Bemge. O Credireal e o Bemge eram, na verdade, uma coisa só: braços financeiros do Palácio da Liberdade (sede do Executivo mineiro) que caminhavam para um mesmo fim: a privatização. Um dos principais responsáveis pela engenharia desse processo era João Heraldo. Outro envolvido no projeto era a única pessoa no governo mineiro considerada mais inteligente e preparada que Heraldo: o secretário de Planejamento, Walfrido dos Mares Guia.

O OPERADOR

(Enquanto João Heraldo e Mares Guia iniciavam uma poderosa e longeva dobradinha, que influiria na privatização dos bancos mineiros de forma decisiva, Marcos Valério também fazia a sua transição. Depois de quase duas décadas no Bemge, lançava-se no mercado como consultor de bancos.)

Em 1995, uma nova mudança. Eleito no ano anterior, Eduardo Azeredo assumiu o governo de Minas, tendo Mares Guia como vice. O primeiro secretário estadual a ser anunciado foi o titular da Fazenda: João Heraldo. Enquanto Azeredo gostava de receber prefeitos e fazer contatos políticos, Mares Guia administrava e João Heraldo cuidava do cofre. Foi assim até 1998, quando Azeredo perdeu a campanha pela reeleição, coordenada por Mares Guia.

(Nos quatro anos que durou o reinado da trinca, a vida de Marcos Valério mudou. Primeiro, ele saiu do limbo e praticamente ganhou de presente um pedaço da SMP&B. Depois, viu a agência recuperar-se graças a um empréstimo camarada do Credireal, aos contratos de publicidade com o governo estadual e aos patrocínios de estatais mineiras. No final da gestão tucana, o empresário virou um dos pilares do projeto de reeleição de Azeredo. Valério administrou o caixa dois da campanha e serviu como "laranja" para os tucanos tomarem "empréstimos" no Banco Rural.)

Com a derrota de Azeredo, João Heraldo viu-se sem emprego, mas não por muito tempo. O economista foi levado para a diretoria do Banco Rural. Ocupou ainda, como representante do Rural, assentos nas direções do Sindicato e da Associação dos Bancos de Minas Gerais.

(Com o revés do PSDB mineiro, Marcos Valério teve de esperar mais quatro anos para voltar a operar. O retorno, no começo de 2003, foi em grande estilo, administrando o caixa dois do PT e fazendo "empréstimos" no Rural e no BMG para o partido.)

MAIS UMA VEZ, OS GRÃOS

Após passar pelo BMG, pelo Credireal e pelas administrações tucanas e após assumir um cargo de direção no Banco Rural, João Heraldo construiu um relacionamento estreito com a SMP&B e seus sócios. Isso a despeito de, oficialmente, Marcos Valério e Cristiano Paz terem deixado de honrar 9 milhões de reais do "empréstimo" contraído no Rural para a campanha tucana de 1998. Em 2003, quando Valério andava a mil com suas operações para o PT, João Heraldo manteve contatos com o empresário, conforme ficou registrado na agenda da secretária Fernanda Karina. Mais ou menos na mesma época, as empresas de Marcos Valério fizeram uma remessa de 108 mil reais para o diretor do Rural — segundo o empresário, tratava-de um empréstimo, que acabou sendo pago por João Heraldo com um lote.

João Heraldo nunca falou sobre suas relações com Marcos Valério e a SMP&B. Por um motivo simples: nunca lhe perguntaram.

* * *

Com a crise, Marcos Valério viu secarem suas fontes de renda, as públicas e as privadas. Deixou de ganhar dinheiro e começou a perder. Talvez deixe de ser empresário e nunca mais volte a operar, mas certamente não precisará andar de ônibus, nem terá de procurar emprego, como aconteceu com muitos de seus ex-funcionários. Quando tudo acabar, Valério continuará sendo um homem rico, riquíssimo. No entanto, ficará marcado como o vilão da história.

E a história se repete. Ainda que Marcos Valério permaneça livre da cadeia, sua ruína moral e sua quase exclusão do convívio em sociedade serão servidas ao país como compensação para a falta de justiça. Como aconteceu antes, aliás, com PC Farias, operador de um outro esquema, integrado pelos corruptores de sempre. Quem foram os

O OPERADOR

grandes financiadores de Collor? De onde saiu o dinheiro do caixa dois do PSDB? Quem encheu as burras do PT? Isso não vem ao caso, desde que a história tenha um vilão e que este vilão pague por todos os outros. Por que Marcos Valério dançou? Porque ele estava lá justamente para isso, caso alguém precisasse dançar. Valério caiu, mas o esquema, não. Seguirá firme, fazendo deputados e senadores, influindo em votações do Congresso, tangendo governadores e se escondendo atrás de presidentes.

Poucos se deram conta, mas, num depoimento ao Congresso, Marcos Valério revelou a verdade que todos ali já sabiam:

> Nós devemos deixar claro para a sociedade brasileira e acabar com a hipocrisia: eu não sou a única empresa que ajudou e ajudará políticos. [...] O Marcos Valério não é detentor de tecnologia para ajudar campanhas políticas. Isso já acontece no Brasil desde Rui Barbosa.

O que Marcos Valério tentava dizer era que, no esquema, ele era só o operador. Ou como ele próprio definiu na CPI:

> Eu sou um grão de areia. Um grão...

FONTES

DOCUMENTOS OFICIAIS

- Câmara dos Deputados
- CPI do Banestado
- CPI dos Bingos
- CPI dos Correios
- CPI da Compra de Votos e do Mensalão
- Instituto Nacional de Criminalística
- Junta Comercial do Estado de Minas Gerais
- Ministério Público Federal
- Ministério Público do Estado de Minas Gerais
- Polícia Civil de Minas Gerais
- Polícia Federal
- Receita Federal
- Secretaria de Estado de Comunicação Social do Governo de Minas Gerais
- Senado Federal
- Sistema Nacional de Armas
- Sistema Nacional de Passaporte
- Tribunal Regional Eleitoral de Minas Gerais

BIBLIOGRAFIA

ABREU, Alzira Alves de; BELOCH, Israel; LATTMAN-WELTMAN, Fernando; LAMARÃO, Sérgio Tadeu de Niemeyer (coords.). *Dicionário histórico-biográfico brasileiro pós-1930*. Vols. 1 a 5. 2ª ed. rev. e atualizada. Rio de Janeiro: Editora FGV, 2001.

BETTO, Frei. *Lula, biografia política de um operário*. São Paulo: Estação Liberdade, 1989.

CALDEIRA, Jorge; CARVALHO, Flavio de; MARCONDES, Claudio; PAULA, Sergio Goes de. *Viagem pela história do Brasil*. São Paulo: Companhia das Letras, 1997.

CAMAROTTI, Gerson; LA PEÑA, Bernardo de. *Memorial do escândalo: os bastidores da crise e da corrupção no governo Lula*. São Paulo: Geração Editorial, 2005.

COUTO, Ronaldo Costa. *História indiscreta da ditadura e da abertura: Brasil: 1964-1985*. Rio de Janeiro: Record, 1998.

FIGUEIREDO, Lucas. *Ministério do Silêncio: a história do serviço secreto brasileiro de Washington Luís a Lula (1927-2005)*. Rio de Janeiro: Record, 2005.

———.*Morcegos Negros: PC Farias, Collor, máfias e a história que o Brasil não conheceu*. Rio de Janeiro: Record, 2000.

HIPPOLITO, Lucia. *Por dentro do governo Lula: anotações num diário de bordo*. São Paulo: Editora Futura, 2005.

KOIFMAN, Fábio (org.). *Presidentes do Brasil: de Deodoro a FHC*. São Paulo: Universidade Estácio de Sá/Cultura, 2002

KUCINSKI, Bernardo. *As cartas ácidas da campanha de Lula de 1998*. São Paulo: Ateliê Editorial, 2000

MORAES NETO, Geneton. *Dossiê Brasil: as histórias por trás da História recente do país*. Rio de Janeiro: Objetiva, 1997.

MOREL, Mario. *Lula: o início*. Rio de Janeiro: Nova Fronteira, 2006.

FONTES

PARANÁ, Denise. *Lula, o filho do Brasil.* 1ª reimpressão. São Paulo: Editora Fundação Perseu Abramo, 2003.

PARTIDO DOS TRABALHADORES. *Trajetórias.* São Paulo: Editora Fundação Perseu Abramo, 2000.

PINTO, Luís Costa. *As duas mortes de PC Farias.* São Paulo: Editora Best Seller, 1996.

SINGER, Andre. *O PT.* São Paulo: Publifolha, 2000

SKIDMORE, Thomas E. *Brasil: de Castelo a Tancredo (1964-1985).* Rio de Janeiro: Paz e Terra, 1988.

———. *Uma história do Brasil.* Rio de Janeiro: Paz e Terra, 1998

VELLOSO, João Paulo dos Reis. *Governo Lula: novas prioridades e desenvolvimento sustentado.* Rio de Janeiro: Editora José Olympio, 2003

WEFFORT, Francisco (org.). *PT: um projeto para o Brasil* (2 vols.). São Paulo: Brasiliense, 1989.

PERIÓDICOS

Caros Amigos

Carta Capital

Correio Braziliense

Época

Estado de Minas

Flash

Folha de S.Paulo

Hoje em Dia

Hora do Povo

IstoÉ Dinheio

IstoÉ

O Estado de S.Paulo

O Globo

Playboy

Reuters

Revista do Minas

Veja

Vip

ÍNDICE ONOMÁSTICO

Abi-Ackel, Ibrahim, 221
Adauto, Anderson, 115, 173
Aguiar, Luiz Bueno de, 99
Aide, 31, 32
Alckmin, Geraldo, 230
Alencar, Chico, 200
Alencar, José, 81, 82, 121, 203, 232
Almeida, Cleiton Melo de, 67
Almeida, Ricardo, 54
Alves, David Rodrigues, 105, 106, 108, 227
Alves, João, 129
Alves, Sérgio Sebastião, 192
Alzugaray, Domingo, 174
Amaral, Camila, 217, 218
Amaral, Delcídio, 195, 217
Andrade, Clésio, 45, 46, 48-53, 56, 57, 61, 62, 69, 71, 73, 208, 233-235
Antônio, Jader Kalid, 107
Argello, Gim, 156
Assis, Evaldo Oliveira de, 133
Attuch, Leonardo, 173

Azeredo, Álvaro Brandão, 58
Azeredo, Eduardo, 44, 53, 56-59, 61, 62, 65-69, 71-73, 91, 95, 108, 152, 156, 207, 233-235, 237, 238

Barbosa, Joaquim, 227
Barbosa, Rui, 143, 144, 240
Bastos, Francisco, 40
Batista, José Carlos, 116
Bicalho, Haroldo, 140-142, 144
Bicudo, Hélio, 199, 200
Borba, José, 213
Brandão, Elbe, 208
Brant, Roberto, 154, 213, 214
Bresser Pereira, Luís Carlos, 203
Brito, Orlando, 216
Bruno (filho de Jeany), 126

Calheiros, Renan, 203
Calmon de Sá, Ângelo, 136
Camões Filho, Elmo, 37, 38
Camões, Elmo, 37, 38
Capote, Truman, 166, 167

O OPERADOR

Cardoso, Fernando Henrique, 43, 44, 54, 56-58, 69, 72, 79, 81, 84, 128, 138, 149, 150, 155, 157, 158, 162, 171, 205, 213, 222
Cardoso, Paulo Henrique, 171
Cardozo, José Eduardo, 206
Carla ("recepcionista" de Jeany), 126
Carvalho, Gilberto, 182, 183
Castilho Neto, José Francisco de, 143
Castilho, Francisco, 134
Castro, Danilo de, 154, 208
Cavalcanti, Humberto, 208
Cavalcanti, Severino, 203
Cavalheiro, Paulo César, 136
Christie, Agatha, 224, 225
Collor de Mello, Fernando, 14, 30, 60, 62, 63, 77-79, 81, 82, 108, 118, 119, 126, 155, 158, 167, 194, 201, 203, 205, 226, 240
Collor, Pedro, 184
Corrêa, Pedro, 189, 213
Costa Neto, Valdemar, 111, 112, 116, 189, 211, 213, 231
Costa, Anita Leocádia Pereira da, 113
Costa, Francenildo, 198
Costa, Hélio, 44
Covas, Mário, 68
Cunha, João Paulo, 113, 124, 125, 128, 130-132, 165, 172, 173, 186, 196, 198, 213, 222
Cunha, Luiz Cláudio, 205
Cunha, Márcia Regina Milanesi, 113, 131

Daniel, Celso, 118
Dantas, Daniel, 148-152, 166, 178, 180, 197, 207, 233, 235
Demes, Mussa, 214
Diniz, Waldomiro, 101, 147, 172, 186
Dirceu, José, 22, 79, 80, 91, 94, 99, 101, 119, 121, 124, 127, 135, 137, 139, 144-148, 150, 152, 155, 169, 170, 172, 177, 180, 183-185, 195, 198, 205, 207, 212, 213, 225, 232
Dona Amparo (secretária de Maurício Marinho), 26, 29
Dovat, Marta Otero Bergonzoni, 115
Dumont, José Augusto, 56, 64, 95, 134-136, 173
Dutra, Mauro, 27

Espírito Santo, Ricardo, 180

Faria de Sá, Arnaldo, 194, 195, 218
Farias, Paulo César, 30, 62-64, 78, 79, 108, 119, 143, 158, 190, 194, 226, 227, 230, 239
Fernandes de Souza, Marcos Valério, 30-39, 41-43, 45-48, 51-59, 61, 62, 64-75, 83, 84, 86, 90-99, 101-104, 106-110, 112-120, 123-128, 130-137, 139-148, 151-166, 168, 170, 173, 174, 177, 179-181, 184-187, 189-196, 205, 207-213, 218, 221-223, 228, 229, 232-240

ÍNDICE ONOMÁSTICO

Fernandes de Souza, Renilda Maria (Renilda Maria Santiago), 32, 34-36, 39, 134, 157-159, 162, 193-196
Fernandes, Zilmar, 60, 61, 106, 107
Ferro, Fernando, 214
Fleury Filho, Luiz Antônio, 186
Fonseca, Daniela Fraga, 223
Fortuna Neves, José Santos, 24, 25
França, Eriberto, 167
Franco, Itamar, 14, 58, 69, 111, 152
Frei Betto, 202

Gabeira, Fernando, 198, 199
Garola, Judith Vieira, 115
Genebaldo, 129
Genoino, José, 79, 93, 99, 124, 125, 172, 177, 189, 196, 198, 231
Genro, Tarso, 199
Genu, João Cláudio de Carvalho (João Mercedão), 110, 111, 114, 120, 189
Gomes da Silva, Jeany (Jeany Mary Corner), 125-127, 215, 218
Gomes, Denílson dos Reis, 223
Gomes, Josias, 113, 213
Gomes, Vadão, 213
Goulart, João, 201
Gouvêa, Plauto, 137
Grajew, Oded, 202
Greenhalgh, Luiz Eduardo, 124
Guedes, Glênio Sabbad, 160-162
Guedes, Ramon Prestes, 161

Guimarães Rosa, 31
Guimarães, Carlos Elói, 59
Guimarães, Flávio, 94, 144
Guimarães, Ivan, 145, 172
Guimarães, José, 196
Guimarães, Ricardo, 94, 144
Guimarães, Virgílio, 84, 124, 136
Gushiken, Luiz, 22, 147, 149-152

Helena, Heloísa, 195, 216
Henry, Pedro, 213
Hollerbach, Ramon, 40-42, 44-47, 50-52, 55, 62
Horta e Costa, Miguel, 179, 181

Iglésias, Francisco, 236

Janene, José, 110, 111, 189, 212, 231
Japiassu, Silvana, 130
Jefferson, Roberto, 27, 29, 30, 82, 91, 117, 119, 121, 167, 177, 180-186, 189, 204, 211-213, 216, 231
Jereissati, Tasso, 57
João Vítor (filho de Marcos Valério), 36, 193, 195
Jobim, Nelson, 194
Jorge, Eduardo, 199
Jucá, Romero, 186
Júnior, Jutahy, 214
Júnior, Policarpo, 182

Junqueira, Aristides, 118, 226-227

Kalecki, 236
Kemps, Jos, 160
Keynes, 236
Kotscho, Ricardo, 202
Kubitschek, Juscelino, 201

Lacerda, Paulo, 224
Lamas, Antônio, 112
Lamas, Jacinto, 112, 114, 115, 120
Lange Filho, Edgar (Alemão), 23-25
Leite, João, 154
Lima e Silva, Mauro Marcelo de, 22
Lima, João Heraldo, 56, 65, 70, 95, 235-239
Lo Prete, Renata, 184
Locateli, Nelson Pires, 133
Lorenzoni, Onyx, 206, 216, 218
Loyola, Gustavo, 235
Lucas, George, 199
Lucena, Humberto, 129
Luiz Gustavo (filho de Marcos Valério), 35, 36
Lula da Silva, Fábio (Lulinha), 197
Lula da Silva, Luiz Inácio, 22, 27, 30, 78-86, 89, 90, 93, 94, 108, 115, 119, 121, 129, 130, 132, 144, 146, 150-152, 157, 158, 170-174, 179, 182, 183, 185, 197, 199-206, 211, 222, 229, 230, 232, 235

Mabel, Sandro, 213
Machado, Ramon Crespo Carrilho, 133
Machado, Ricardo, 125-127
Magalhães Neto, Antonio Carlos, 206, 209, 216, 217
Magalhães, Antonio Carlos, 205, 206, 213
Magno, João, 113, 213
Maia, Rodrigo, 206
Maluf, Paulo, 60, 79, 83, 194
Mancuso Villela, João Carlos (Paulo Maftum), 28, 29
Mansur, Gilberto, 173, 174
Mares Guia, Erika, 159
Mares Guia, Walfrido dos, 56, 59-61, 65, 91, 159, 185, 235, 237, 238
Marinho, Maurício, 17, 18, 20-23, 26-30, 182, 227
Marise, Júnia, 68
Marquinhos (boy), 104
Martinez, José Carlos, 119
Martins de Souza, Jairo, 13-15, 17, 23, 25, 182
Martins, Amílcar, 208
Martins, Orlando, 104
Marx, Karl, 236
Mattos, Pompeo de, 194, 223
Maurício (motoqueiro), 104
McNaugh, Lesley, 160
Mello, Arnon de, 201
Mendonça, José Eduardo Cavalcanti de (Duda Mendonça), 59-61, 68,

ÍNDICE ONOMÁSTICO

82, 83, 86, 87, 90-92, 106-108, 118, 124, 125, 148, 170, 196, 200, 232, 235

Mentor, José, 142, 144, 165, 213

Mercadante, Aloizio, 79

Mexia, António, 179

Molina Gonçalves, Arlindo Gerardo (comandante Molina), 16-18, 23, 182

Moreira, Joana Lemos, 46, 47

Moreira, Maurício, 40, 41, 46

Moreira, Rafael Lemos, 46, 47

Motta, Sérgio, 57

Mourão, Cláudio, 56, 59, 61, 66-68, 73, 152

Nahas, Naji, 37, 38

Napoleão, Baldonedo, 208

Nathália (filha de Marcos Valério), 36, 123, 159, 160, 193, 195

Neilton (motorista de Marcos Valério), 170

Neves, Aécio, 44, 57, 71, 83, 152, 153, 208, 234

Neves, Tancredo, 37, 44, 58

Okamotto, Paulo, 197

Oliveira, César Roberto Santos, 171, 172

Oliveira, Eunício, 22

Oliveira, Francisco, 202

Oliveira, João Batista de, 208

Paes, Eduardo, 206, 216, 217

Palmieri, Emerson, 117, 180, 181

Palocci, Antonio, 185, 197, 198

Paz, Cristiano, 40-42, 44-47, 49-52, 55, 56, 62, 102, 103, 105, 139, 173, 232, 235, 239

Pereira, Francelino, 46

Pereira, Sílvio, 124, 125, 127, 131, 145, 170-173, 184, 196, 198, 206, 216, 230

Perillo, Marconi, 69

Pessoa, Rodrigo, 160

Pies, Marcelino, 115

Pimenta, Rui Caldas, 218

Pimentel, Fernando, 118, 154

Pinto, Olavo Bilac, 208

Pitta, Celso, 60

Pizzolato, Henrique, 163, 172, 196, 210, 211

Prata, Marco Aurélio, 47, 55, 56, 134

Prata, Marco Túlio, 56

Professor Luizinho, 115, 196, 213, 214

Quadros, Jânio, 201

Queiroz, Romeu, 213

Rabello, Kátia, 135-137, 141

Rabello, Sabino, 62, 64-75, 136-139

Ramos, Lílian, 111

Ramos, Paulo, 25

Rands, Maurício, 218

Rebelo, Aldo, 184, 185

Rego, José Francisco de Almeida, 113

Rocha, Paulo, 113, 115, 190, 196, 211, 213

Rocha, Wellerson Antonio da, 97

Rodenburg, Carlos, 151, 173

Rodrigues, Carlos, 112, 213

Ronaldinho, 193

Roriz, Joaquim, 155, 156, 233, 235

Salgado, Ricardo, 179

Salvatti, Ideli, 217

Sampaio, Plínio de Arruda, 199, 200

Santana da Luz, Lívia, 222

Santos Filho, Joel (Júlio Goldman), 11-15, 17, 23, 26-29

Santos, Geiza Dias dos, 102, 109

Santos, Wanderval, 213

Saragosa, Maria Ângela, 145, 146

Sarney, José, 37, 78, 205

Seabra de Abreu Rocha, Marco Antonio, 54

Sereno, Marcelo, 124, 125

Serra, José, 57, 84

Seu Fernandes, 31

Simonsen, Mário Henrique, 149

Skidmore, Thomas, 202

Soares, Delúbio de Castro, 84-86, 90-94, 97, 99, 101, 106, 109-111, 115, 117, 123-125, 131, 134-137, 151, 155, 165, 168-170, 172, 173, 177, 184, 185, 190, 191, 198, 214, 216, 230

Soares, Rinaldo Campos, 155, 232

Somaggio, Fernanda Karina, 164-167, 170, 173, 186, 218, 239

Souza, Adeliro de (Lêro), 31, 32, 196

Souza, Antônio Fernando de, 225

Suplicy, Marta, 142, 200

Tavares, Benício, 156

Tavares, Denise, 119

Tolentino, Rogério Lanza, 47, 48, 55, 71, 72, 98, 145, 180, 181, 192

Torgan, Moroni, 194

Torres, Demóstenes, 215

Torres, Mauri, 154, 208

Vale, Gustavo do, 136

Vargas, Getúlio, 201

Vasconcelos, Simone, 61, 71, 102, 108-115, 120, 131, 164, 173, 215

Veiga, Pimenta da, 43, 44, 56, 162, 165, 173, 237

Vergara, Leonado, 133

Vianna, Herbert, 128

Vieira da Silva, José Adalberto, 196

Vieira Felipe, Silvana, 208

Vitor (marido de Fernanda Karina), 166

Wascheck Neto, Artur, 13-20, 23, 25, 27, 28, 182

Zaghen, Paulo, 235

Zampronha, Luís Flávio, 133, 134, 223-225

Zeca (filho de José Dirceu), 91

Este livro foi composto na tipologia Minion,
em corpo 12/17, e impresso em papel off-white 90g/m²,
no Sistema Cameron da Divisão Gráfica
da Distribuidora Record.

Seja um Leitor Preferencial Record
e receba informações sobre nossos lançamentos.
Escreva para
RP Record
Caixa Postal 23.052
Rio de Janeiro, RJ – CEP 20922-970
dando seu nome e endereço
e tenha acesso a nossas ofertas especiais.

Válido somente no Brasil.

Ou visite a nossa *home page*:
http://www.record.com.br